Bernardo Kucinski

Jornalismo na era virtual

Ensaios sobre o colapso da razão ética

EDITORA FUNDAÇÃO PERSEU ABRAMO

Editora UNESP

Fundação Editora da UNESP (FEU)
Praça da Sé, 108
01001-900 – São Paulo – SP
Tel.: (0xx11) 3242-7171
Fax: (0xx11) 3242-7172
www.editoraunesp.com.br
feu@editora.unesp.br

Editora Fundação Perseu Abramo
Rua Francisco Cruz, 224
04117-091 – São Paulo – SP
Tel.: (0xx11) 5571-4299
Fax: (0xx11) 5571-0910
www.fpabramo.org.br
editoravendas@fpabramo.org.br

Revisão
Maurício Balthazar Leal
Marcos Marcionilo

Editoração eletrônica
Augusto Gomes

Capa
Moema Cavalcanti

Impressão
Gráfica Bartira

Dados Internacionais de Catalogação na Publicação (CIP)
(Câmara Brasileira do Livro, SP, Brasil)

Kucinski, Bernardo
Jornalismo na era virtual : ensaios sobre o colapso da razão ética/ Bernardo Kucinski. – São Paulo : Editora Fundação Perseu Abramo : Editora UNESP, 2005.

Bibliografia
ISBN 85-86469-95-5 (Fundação Perseu Abramo)
ISBN 85-7139-578-0 (Editora UNESP)

1. Editoriais 2. Ética jornalística 3. Internet (Rede de computadores) 4. Jornalismo 5. Jornalismo como profissão I. Título.

04-8102 CDD-070.442

Índices para catálogo sistemático:
1. Jornalismo de opinião e interpretativo 070.442

A Editora Unesp é afiliada a:

Asociación de Editoriales Universitarias de América Latina y el Caribe

Associação Brasileira de Editoras Universitárias

COPIA NÃO AUTORIZADA É CRIME
ABDR
ASSOCIAÇÃO BRASILEIRA DE DIREITOS REPROGRÁFICOS
RESPEITE O DIREITO AUTORAL

Para meus filhos e meus alunos,
pelo que ainda podem ser;
para Jair Borin e Aloysio Biondi,
pelo que foram.

Sumário

Prefácio

Venício A. de Lima

Pesquisador Sênior do NEMP (Núcleo de Estudos sobre Mídia e Política da Universidade de Brasília) e autor, entre outros, de *Mídia: Teoria e Política* (Editora Fundação Perseu Abramo, 2ª. edição, 2004).

Faz tempo circula nos meios profissionais ligados à comunicação uma piadinha de mau gosto que conta mais ou menos o seguinte: "Se o indivíduo não dá certo na vida, vai ser jornalista. Se não sabe nem escrever nem fotografar, vai ser chefe. E se não sabe ser chefe, vai ser professor de jornalismo". Aparentemente essa é uma versão menos elegante do mote "quem sabe faz, quem não sabe ensina", velho conhecido daqueles que fizeram a opção pela vida acadêmica e usado como forma de desqualificação, sobretudo por uns poucos profissionais autodidatas e pioneiros, muitos ainda resistentes às novas exigências de formação profissional em nível universitário.

Pois bem. Aqui temos um livro, escrito por um jornalista profissional, que desmente tanto a piadinha como o mote. Bernardo Kucinski, graduado originalmente em física, é alguém que faz e ensina jornalismo por opção e com competência. E é exatamente por ter uma larga experiência profissional associada à reflexão e à pesquisa – exigidas pela docência – que ele pode nos oferecer uma coletânea como *Jornalismo na era virtual: Ensaios sobre o colapso da razão ética*.

Apesar de o jornalismo, como área de atuação profissional, estar merecendo cada vez mais a atenção dos estudiosos, a literatura específica no Brasil ainda é bastante deficiente. Primeiro, porque muitos livros são depoimentos, em geral autobiográficos e auto-laudatórios, referidos apenas à experiência de seus autores. Padecem de distanciamento crítico ou de reflexão teórica generalizável. Segundo, outros tantos livros constituem uma colagem articulada de análises e opiniões de estudos realizados em contextos diferentes do nosso e, por isso mesmo, com pouca ou nenhuma ressonância no concreto profissional dos jornalistas brasileiros de formação e história distintas. Além disso, não são muitos os textos de autores brasileiros que discutem o dia-a-dia dos jornalistas referido à questão da ética profissional. A presente coletânea supera todas essas deficiências.

A questão principal que permeia os nove ensaios escritos entre 1998 e 2004 aqui reunidos em três partes – a ética, a práxis e o discurso –, é a perplexidade do autor diante da acelerada transformação do jornalismo brasileiro – tanto o impresso como o eletrônico – no rumo do chamado "jornalismo de mercado" e do "vazio ético".

Kucinski parte do que denomina uma concepção idealista de ética, isto é, a ética formada "pelo imperativo categórico da verdade". Neste imperativo "o jornalismo existe para socializar as verdades de interesse público, para tornar público o que grupos de interesse ou poderosos tentam manter como coisa privada".

O fim da demarcação entre jornalismo e assessoria de imprensa; a fusão mercadológica entre notícia, entretenimento e consumo; a concentração da propriedade na indústria de comunicações; a crescente manipulação da informação por grupos de interesse e, principalmente, a mentalidade que celebra o individualismo e o sucesso pessoal seriam as causas imediatas da atual crise ética ou do "colapso da razão ética". Esta crise ou colapso leva a uma prática profissional cada vez mais distante do antigo ideal de compromisso do jornalista com o interesse público, referência hoje cinicamente chamada de "jornalismo romântico".

Para o autor, na contemporaneidade, é mais difícil a aceitação de um código de ética porque ele contraria os valores dominantes do individualismo. Desta forma, o grande desafio é reconstruir uma ética jornalística dentro da nova hegemonia.

Como isso pode ser feito?

Para Kucinski, a universidade teria papel fundamental. É nela que se pode desenvolver no jovem o saber e o conhecimento. "É na escola – e apenas na escola – que o aluno pode obter o aporte de conhecimento sobre as teorias da ética e da moral necessárias para o seu posicionamento específico no debate ético". O jovem que emergir desse processo "vai estabelecer com o mercado um conflito ético feito de confrontos com editores autoritários e proprietários de mentalidades oligárquicas".

Por outro lado, o autor chama a atenção para o fato de que

> "nosso principal problema ético hoje não é de natureza moral, mas sim política. Isso significa que a luta por uma nova ética é também, e acima de tudo, uma luta política. Está condicionada por algumas leis da política, tais como estar balizada por interesses sociais concretos e desenvolver-se por meio de etapas e objetivos táticos e estratégicos bem definidos, e estar articulada às demais lutas políticas do momento".

No Brasil, ao contrário dos Estados Unidos, não se pode fazer a mesma distinção de fases ou ciclos identificados pela supremacia de uma ou outra opção por determinado tipo de jornalismo no correr do século XX. Por exemplo: "responsabilidade social" ou "profissionalismo"? Entre nós, pelo menos o jornalismo republicano é fortemente marcado pelos interesses do aparelho de Estado ou de grupos empresarias privados, ou de ambos. A exceção é o jornalismo caracterizado pelo ideal ético de compromisso com a verdade e dedicação ao interesse público. Na verdade, nosso jornalismo – dependente direta ou indiretamente dos recursos públicos e dos interesses políticos – constrói sua história imbricado na formação do Estado brasileiro.

Uma inflexão que contribui para o quadro a que chegamos hoje é, sem dúvida, a instituição da obrigatoriedade do diploma como condição para o exercício profissional de jornalista em 1969. A obrigatoriedade coincide com a acelerada expansão do ensino privado de terceiro grau e dá origem a uma proliferação descontrolada de cursos de comunicação que colocam milhares de novos jornalistas no mercado de trabalho a cada ano. Estes novos jornalistas – que ainda estão substituindo aqueles formados diretamente nas redações – passam por um processo de "profissionalização" *sui generis* na medida em que, como é sabido, há um divórcio entre as "teorias" da comunicação ensinadas nos cursos e a prática profissional. Além disso, não se dá, na maioria desses cursos, a ênfase que deveria merecer a discussão sobre as diferentes teorias do próprio jornalismo ou sobre sua vinculação com os sistemas ideológicos de nosso tempo.

Dessa forma, o novo jornalista sai dos cursos legalmente "habilitado" para o exercício profissional, mas – apesar da confiança que Kucinski deposita na universidade – ainda despreparado para exercer a crítica e propor alternativas ao *ethos* e à ética profissional dominantes. Está aí, creio, uma das razões do "colapso da razão ética".

Outras razões podem ser encontradas nas mudanças no próprio jornalismo decorrentes não só da hegemonia de um pensamento único neoliberal, mas também da introdução de novas tecnologias de comunicação, em particular do jornalismo *on line*, que a rede mundial de computadores tornou possível no final do século passado.

É esse o contexto dentro do qual os ensaios deste livro são elaborados e é a ele que as reflexões nos remetem, sempre permeadas pela questão da ética profissional. Direito à saúde, corrupção, internet, economia virtual, paradoxos do jornalismo neoliberal, jornalismo econômico, mentira e imaginação são alguns temas desenvolvidos. Destaco dois deles: a corrupção e a internet.

Pesquisa realizada pela Transparência Internacional, divulgada em dezembro de 2004, revela que, numa escala de 1 a 5, em que a nota mais baixa indica lisura e a mais alta muita corrupção, os brasileiros entrevistados atribuíram à imprensa 3,6. Kucinski nos adverte sobre uma característica única que torna "a corrupção [...] uma prática sedutora na indústria de comunicação", isto é, o "fato de se combinar nessa indústria o poder de influenciar politicamente a opinião pública com o poder econômico". Em *Jornalismo na era virtual*, a corrupção é tratada criticamente não só como objeto da denúncia jornalística (o denuncismo, o jornalismo de dossiê), mas também como prática sindical, profissional e empresarial no jornalismo brasileiro.

Com relação à internet, o autor se posiciona claramente ao afirmar com segurança que "dizer que a internet e o computador criaram uma nova forma de exclusão – a exclusão digital – é como dizer que, ao inventar a impressão com tipos móveis Gutenberg criou o analfabeto". Ora, todos sabemos que, pelos dados da PNAD (Pesquisa Nacional por Amostra de Domicílios) 2003, apenas 15,3% dos domicílios têm microcomputador e só 11,4 % têm acesso à internet. Além disso, pesquisa da Unesco (Organização das Nações Unidas para a Educação, a Ciência e a Cultura) divulgada em maio de 2004 revela a situação dos professores do ensino fundamental e médio no Brasil: mais da metade dos cerca de 5 mil professores entrevistados em 26 estados e no Distrito Federal não tem computador em casa (53,9%), não navega na internet (58,4%) e sequer usa o correio eletrônico (59,6%).

Dessa forma, por mais que a internet possa vir a ser, como afirma Kucinski, "um mecanismo de libertação, uma reviravolta nos caminhos até então seguidos pelo capitalismo e uma nova demonstração de que no capitalismo tudo o que é sólido desmancha no ar", certamente ainda temos um longo, longo caminho a percorrer.

Por fim, gostaria de chamar a atenção do leitor para o ensaio "O declínio e a morte do jornalismo como vocação". Vale a pena ler e reler este texto. Retomando as reflexões sobre a profissão do jornalista, contidas no ensaio clássico de Max Weber sobre "A política como vocação", Kucinski faz uma pungente defesa do jornalista por vocação em oposição ao jornalista por diploma. O velho e o novo profissional. Aquele comprometido com a ética da verdade, este com o sucesso profissional e o mercado. E faz isso ao lamentar a quase ausência na grande imprensa da notícia da morte de um exemplo pleno de jornalista por vocação, Jair Borin, jornalista e professor, falecido em abril de 2003.

Nestes tempos em que a institucionalização de um Código de Ética para jornalistas profissionais volta à discussão, não há dúvida de que este *Jornalismo na era virtual: Ensaios sobre o colapso da razão ética* de Bernardo Kucinski ocupará um lugar de destaque na literatura brasileira sobre jornalismo e, em particular, sobre ética jornalística. Este livro vai se somar aos vários outros já publicados pelo autor e que se constituíram em referência obrigatória para todos aqueles que estudam ou se interessam pelas questões ligadas ao jornalismo.

Brasília, DF, verão de 2004-2005.

I
A ética

Uma nova ética para uma nova era

Aula de abertura do V Fórum Nacional de Professores de Jornalismo, realizado em Porto Alegre em 28/4/2002. Texto preliminar disponibilizado para discussão no *site* do *Observatório da Imprensa* em 1º/5/2002. Este texto modifica apenas ligeiramente o original e acrescenta notas e bibliografia.

O jornalismo brasileiro vive hoje uma crise ética muito especial. Mais do que a incidência de desvios éticos pontuais, a característica dessa crise é o *vazio ético*. Nas redações, deu-se uma rendição generalizada aos ditames mercantilistas ou ideológicos dos proprietários dos meios de informação. A liberdade de informar e o direito de ser informado, canonizados na Declaração Universal dos Direitos do Homem e erigidos em ideologia dos códigos de ética jornalística nos mais diversos países, tornaram-se letra morta[1].

Não por acaso, esse novo ambiente ético no jornalismo é adequado aos valores do neoliberalismo econômico e foi instrumental ao seu processo de implantação. Nesse sentido, é um equívoco considerar o

1. Para uma síntese dessa ética, ver ERBOLATO, Mário. *Deontologia da comunicação social.* Petrópolis, Vozes, 1982.

vazio ético das redações uma disfunção do jornalismo. Ele existe porque tem uma função. E resulta de um embate ideológico que se dá além da esfera estrita da comunicação, um embate entre propostas divergentes de organização da sociedade.

No dia-a-dia das redações, o vazio ético é reforçado por mecanismos diversos, entre os quais o fim da demarcação entre jornalismo e assessoria de imprensa; a fusão mercadológica de notícia, entretenimento e consumo; a concentração de propriedade na indústria de comunicação; a crescente manipulação da informação por grupos de interesse; e, principalmente, a mentalidade pós-moderna, que celebra o individualismo e o sucesso pessoal.

Quando aceitei o convite, que tanto me honra, para esta aula inaugural, já tinha algumas dessas idéias delineadas. Mas o que me levou realmente a aceitá-lo de bom grado, como uma oportunidade feliz e não como apenas mais uma tarefa, foi um incidente ocorrido algumas semanas antes, que desencadeou um profundo processo de revisão das minhas idéias sobre o problema da ética no nosso jornalismo. É disso que pretendo tratar hoje. Antes, preciso explicar quais eram as minhas idéias sobre a ética jornalística.

Confesso que era um *fundamentalista* no tocante à ética jornalística. Minha paixão pelo jornalismo foi tão absoluta que assumi a ética jornalística como uma ideologia, no sentido definido por Cornelius Castoriadis, ou seja: não como uma camiseta, e sim como uma camisa-de-força, que me impedia de ver a realidade. Eu me colocava no interior da ética jornalística e, por isso, não podia vê-la, criticamente, como parte ou da ideologia de uma época ou de uma hegemonia datada. É bom que o jornalista se coloque dentro da ética de sua profissão, mas o professor e o acadêmico devem poder olhá-la também de fora.

Quem me chamou a atenção para o caráter "idealista" da minha postura foi um professor e colega, Carlos Manoel Chaparro. Não o refutei na ocasião, mas sua observação foi fazendo um lento estrago nas minhas convicções.

Nessa concepção *idealista*, eu pregava que o jornalismo é uma atividade que se define por uma ética e não por uma técnica. E que essa ética é formada por um imperativo categórico, ou seja, um preceito universal de conduta aplicável em todas as circunstâncias e que não admite adaptação ou compromisso: o *imperativo categórico da verda-*

de. Por esse imperativo, o jornalismo existe para socializar as verdades de interesse público, para tornar público o que grupos de interesse ou poderosos tentam manter como coisa privada. O absolutismo dessa ética pode ser sentido por uma dc suas implicações, a de que o jornalista não é responsável pelas conseqüências da divulgação de uma verdade de interesse público, seja ela qual for. Mas é responsável e até cúmplice das conseqüências de não ter socializado essa verdade de interesse público.

É uma ética kantiana, na qual o valor verdade transcende todos os demais e se coloca de modo absoluto[2]. E por que a ética kantiana se aplica ao jornalismo? Porque, se o jornalista começa a ponderar sobre as conseqüências das verdades que tem a dizer, sobre a conveniência de revelar parte da verdade e omitir outra, começa a assumir um outro papel social, deixa de ser jornalista para ser um censor e um juiz daquilo que o povo deve ou não saber. Na ética kantiana, não cabe esse julgamento. A verdade não pertence ao jornalista, que apenas recebeu um mandato da sociedade para procurar os fatos, e até certos privilégios éticos para executar esse mandato, como o direito de bisbilhotar a vida alheia ou de surrupiar certos documentos. Desde que a serviço do interesse público.

Na cultura anglo-saxã, em que essa ética jornalística prosperou e ganhou *status* de ideologia do jornalismo, há até mesmo duas etimologias para expressar o valor responsabilidade na ética do jornalismo: fala-se que o jornalista deve ser *accountable* por suas ações, mas não é *responsible* pelas verdades que revela. Poderíamos traduzir como: o jornalista é *responsável* por todos os seus atos, mas não pode ser *responsabilizado* pelas conseqüências de ter revelado verdades. Ou poderíamos dizer: a responsabilidade do jornalista esgota-se no ato de revelar a verdade.

Explico tudo isso que já se sabe, até de modo um pouco maçante, para mostrar que essa ética é fundamentalista: não permite nenhuma redução da verdade, nenhum compromisso, sob nenhum pretexto, porque por definição isso não é necessário, já que não é da conta do jornalista o que acontece depois que revelou o que tinha que revelar.

---

2. Uma excelente síntese da aplicação da ética kantiana ao jornalismo encontra-se em ALMINO, João. *O segredo e a informação*. São Paulo, Brasiliense, 1976.

Essa busca da verdade de interesse público implica a adesão a uma deontologia, uma ética de procedimentos que não se limita à técnica de bem escrever, abarcando todas as etapas da busca da verdade dos fatos ou, para usar uma palavra mais precisa, da *veracidade*[3]. Os fundamentos dessa deontologia são a honestidade intelectual e a perícia. O jornalista ético é o que age com a mesma honestidade intelectual que caracteriza o bom cientista. Aí está, em resumo, o que vinha sendo minha visão da ética jornalística e a essência do que eu passava aos meus alunos e colegas, sempre que havia oportunidade.

Tudo isso entrou em crise em razão do incidente que vou relatar. Estava dando a penúltima aula de um curso de pós-graduação *lato sensu* denominado "Saúde e Cidadania", de um módulo sobre jornalismo social. A aula tratava de ética. Minhas idéias provocaram uma reação alérgica imediata e muito forte, quase uma rebelião. O mote geral era que eu estava exigindo posturas irreais, que em todas as redações o jornalista tem que fazer o que o patrão manda e o que a publicidade manda. E choveram os relatos pessoais de incidentes de supressão de matérias, de opiniões, de trechos e de pautas.

Foi então que me dei conta de que aquela era uma das classes mais homogêneas que eu já havia tido: eram quase todos jornalistas em serviço ativo, nas mais diversas redações, desde a TV Globo até revistas técnicas setoriais. E quase todos na faixa dos 30-35 anos, ainda jovens, mas não novatos. A maioria já tinha uns dez anos de experiência nas costas. Era a revolta de toda uma categoria contra a exigência de uma ética.

Perguntei a eles: qual a diferença entre um médico que mata e um jornalista que mente? Ofendidos, não responderam. Disse a eles que *navegar é preciso, viver não é preciso*, ou seja, ninguém precisa ser jornalista. Também não gostaram. Responderam que tinham, sim, o direito de ser jornalistas, sem precisar ser éticos. Por necessidade de sobrevivência. Não sendo deles a culpa, e sim do sistema, tinham esse direito. Finalmente disse a eles que não estava ali para fazer julgamentos morais, mas que só podia ensinar na escola uma ética: a do jornalis-

3. A diferença entre verdade e veracidade no jornalismo está em que podem haver muitas versões, todas elas verazes, de uma mesma verdade factual. O valor verdade é, nesse sentido, metafísico, uma declaração de intenções; o valor veracidade é um atributo concreto da narrativa jornalística honesta, mas já na forma de produto ou mercadoria.

mo livre e comprometido com o interesse público, que se desenvolveu nos melhores tempos do jornalismo ocidental. Disse também que era um equívoco pensarem que a violência intelectual que cada um deles sofria no dia-a-dia das redações não teria conseqüências de longo prazo. Disse que era um equívoco banalizarem essa situação[4].

O incidente me abalou profundamente, mas depois comecei a rememorar situações que já vinham de longe e mostravam que havia algo de furado na minha posição fundamentalista de "ou tudo ou nada". Lembrei-me da descoberta de que muitos alunos de jornalismo aprendiam a *cascatear*, ou seja, a inventar matérias, já no primeiro ano do curso de jornalismo da ECA (Escola de Comunicações e Artes da Universidade de São Paulo). Forjavam entrevistas que não existiram. Cozinhavam matérias de outros sem se referir à autoria inicial. Digamos que isso está ainda no universo das malandragens da adolescência escolar, como o hábito de colar em provinhas ou copiar trabalhos da internet. Mas a dimensão é outra quando se sabe que cascatear é um traço marcante do jornalismo brasileiro. É possível até que esse verbo nem exista no jargão jornalístico de outras culturas.

Lembrei-me também de um aluno que propôs uma reportagem sobre uma desastrosa expedição do navio da USP (Universidade de São Paulo) à Antártida, a partir de informações de um amigo que participou da viagem. O barco quase soçobrou porque só um dos lados tinha holofotes. O *freezer* pifou e por isso eles perderam todos os espécimes de *krill* que haviam coletado. Finalmente estourou uma epidemia de diarréia a bordo, mas, a essa altura, o médico já havia saltado do navio em Porto Alegre. Sugeri ao aluno que checasse bem as informações e escrevesse a reportagem para o *Jornal do Campus*. Qual não foi a minha surpresa quando o aluno me entregou o que chamei de antimatéria. Um texto que escamoteava tudo o que acontecera com expressões como "apesar de alguns problemas, terminou relativamente bem a viagem do

4. A única pesquisa de campo abrangente sobre os valores prevalecentes entre jornalistas brasileiros, feita pelo Cebrap em 1993-1994, revelou que ainda eram dominantes nessa época, logo após o *impeachment* de Collor, valores como direito à informação e vigilância dos atos e abusos do poder. O estudo, baseado em questionários respondidos por 355 jornalistas, é um inventário de crenças e, portanto, de uma ideologia, e não necessariamente das práticas jornalísticas. Ver uma síntese em CARDOSO, Adalberto M. "Jornalistas: ética e democracia no exercício da profissão". *Novos Estudos Cebrap*, nº 42, São Paulo, jul. 1995, p. 130-140.

navio Besnard à Antártida". Quando questionei o aluno, ele respondeu que não queria se complicar criticando as autoridades da USP. Ou seja, esse jovem ainda nem havia começado a vida de jornalista e já tinha decidido que contar a verdade não faria bem à sua carreira.

Comecei a mapear o destino dos meus alunos já formados: a maioria engajou-se em projetos jornalísticos sem nenhuma ambição intelectual, filosófica ou política. E uma minoria significativa entendeu a profissão meramente como uma boa oportunidade de ganhar dinheiro. Foi bastante frustrante ver discípulos de grande valor intelectual, selecionados por um vestibular concorridíssimo e rigoroso, com os quais compartilhei boas experiências de jornalismo ainda no *campus* universitário e desenvolvi uma relação de amizade, se conformarem com uma visão tão banal dessa profissão que eu via como tão fascinante – e dessa forma aceitarem uma proposta banal para a sua própria vida. Para eles, a vida decididamente não era uma metanarrativa. Para eles, a utopia era um conceito morto, desprovido de qualquer significado.

Há dois anos, para substituir um professor, comecei a ministrar a disciplina Legislação e Deontologia do Jornalismo e, de novo, surgiram os sinais de que algo estava errado nos fundamentos do meu ensino. Num dos primeiros exercícios de classe, que funcionou como uma espécie de pesquisa de opinião dos alunos, ficou claro que para boa parte deles a existência de um código de conduta para jornalistas era um absurdo. Cada jornalista tinha o direito de pensar e agir a seu modo. Era a demonstração de que no ambiente da pós-modernidade é difícil haver um código de conduta porque não existe a aceitação de valores dominantes e rejeita-se a idéia da coerção, mesmo a coerção moral.

Naquela classe não havia patrões para impor a autocensura, e nem os inspirava tanto assim a idéia do oportunismo, do jornalismo como uma forma de ficar rico. Esses alunos, ainda bem jovens, de primeiro ano, rejeitavam genuinamente a possibilidade de haver uma ética porque isso estava em conflito com seus valores fundamentais, acima de tudo os valores *individualismo* e *tolerância*.

O desafio que temos pela frente, portanto, é como reconstruir uma ética jornalística em tempos pós-modernos. Uma ética pertinente, que não paire no ar, descolada dos jovens, como uma mera cobrança de culpas que eles nem sequer reconhecem. Os códigos de ética diferem de países para país, ou de uma época para outra, justamente porque refletem mudanças de ênfase ou de articulação de valores das matrizes éticas de cada cultura ou de cada tempo. De hábitos novos surgem novos valores, que por sua vez se aplicam na forma de normas de conduta, entre elas os códigos aplicados de ética, como são os diferentes códigos de ética profissionais, inclusive os dos jornalistas. Os diferentes códigos aplicados de ética são, portanto, exercícios datados de hegemonia ideológica. Seus processos de formulação e de legitimação se dão em contextos discursivos também datados[5].

Hoje, vivemos um novo tempo discursivo, marcado pela negação das utopias e pela ausência de um padrão ético hegemônico, exceto no sentido metafísico de que a ausência de padrões também seria um padrão.

Fatores objetivos contribuíram para a quebra de valores tradicionais. As revoluções da biotecnologia, que inovaram o campo da reprodução humana, alteraram conceitos fundamentais nas definições dos valores éticos, entre os quais os conceitos de vida e de morte[6]. Com a técnica da *clonagem* é possível criar um novo ser, sem haver fecundação, sem se criar um novo DNA. É a morte da definição de início da vida da ética cristã. Para permitir os transplantes de órgão, criou-se um novo conceito de morte, a *morte cerebral*, estado em que o coração ainda bate. Assim se modificaram fundamentalmente as definições do início da vida e do momento da morte. E isso não foi tudo: o homem passou a ser definido como um *animal simbólico* e não como ser racional. Sua relação com a natureza passou a ser de uma solidariedade de destinos e não mais de dominação.

Na esfera da organização da sociedade, o fracasso do socialismo real deu lugar à supremacia do neoliberalismo. O *desemprego estrutural* em escala maciça, especialmente entre os jovens, fez da *competi-*

---

5. A ética jornalística consagrada nas escolas e nos códigos atuais tomou corpo a partir dos primeiros códigos de ética de jornais americanos, em especial o "Cânones do Jornalismo", elaborado em 1922 pela American Society of Newspapers Editors, em reação aos abusos do jornalismo sensacionalista do final do século XIX. Por isso, além do valor verdade, esses códigos enfatizam o valor "jogo limpo", como uma postura de integridade e respeito do jornalista em relação às fontes e aos leitores. No pós-guerra, reforçaram-se os valores da informação como um direito e posteriormente, com o escândalo Watergate, o da verdade como contrária ao uso do segredo como instrumento de poder.

6. No bojo dessa revolução científica, surgiu um novo campo de especulação ética filosófica chamado "bioética", a partir de POTTER (*Bioethics: Bridge to the Future*. New Jersey, Prentice Hall, 1971), REICH (*Encyclopedia of Bioethics*. New York, Free Press, 1978) e ENGELHARDT (*The Foundations of Bioethics*. New York, Oxford University Press, 1996), entre outros.

ção com o próprio companheiro uma necessidade de sobrevivência desde os primeiros bancos escolares. Nesse novo ambiente, as éticas socialmente constituídas cederam espaço a uma ética definida em torno de cada indivíduo, o que parece uma contradição em termos, um paradoxo, já que as condutas pessoais só podem ser avaliadas na sua articulação com outras condutas. Pode ser uma ética provisória. O fato é que hoje, dentro de limites bastante amplos, cada um tem o direito de pensar e agir como quiser. O exemplo mais expressivo está no campo sempre delicado da sexualidade: cada um pode adotar a preferência sexual que quiser. É também uma ética de muitos direitos e poucos deveres. Cada um tem o *dever de pensar antes de tudo em si mesmo*, em seu projeto de vida. Uma ética em que o dever é definido como negação do social, como celebração da individuação ética.

Não se trata da morte dos valores, mas da prevalência de determinados valores como *tolerância*, *pluralismo*, *sucesso pessoal* e *liberdade individual*, que, no seu conjunto e principalmente na forma como se articulam, definem uma matriz ética perversa pelos critérios de virtuosidade da nossa ética agora ultrapassada. Talvez devamos dizer que a ética da pós-modernidade é marcada também pelo declínio dos valores *solidariedade* e *compaixão*, que marcaram a humanidade no pós-guerra, e pelo predomínio de *valores não-valores*, como o *ceticismo*, o *cinismo*, a negação da *utopia* e da *justiça social*.

Não por coincidência, são esses não-valores que mais servem à etapa de superconcentração do capital e de supremacia dos seus interesses sobre os do homem que marca o mundo de hoje. Também nesse sentido, a aparente ausência de um padrão ético dominante é apenas um verniz que encobre uma ética de antivalores encaixada perfeitamente numa ideologia neoliberal dominante.

Por isso, vivemos hoje uma das dicotomias fundamentais da ética: indivíduo *versus* sociedade. Sendo os códigos morais socialmente constituídos, eles são hoje negados liminarmente por essa nova mentalidade que contesta a própria possibilidade de haver uma recomendação de conduta universal. Cada indivíduo, nesses tempos pós-modernos, teria a faculdade de decidir sua própria conduta, cultivar seus próprios valores. É a desqualificação do direito de exigir determinados comportamentos. É o retorno também à mais primordial de todas as discussões éticas: a da possibilidade ou não de haver uma ética.

Se fôssemos reelaborar uma ética jornalística compatível com o novo ambiente ético, teríamos que partir dos valores dominantes dessa matriz e rearticulá-los de modo que perdessem seu sinergismo perverso. A *tolerância* poderia ser um dos valores dessa nova ética jornalística, desde que no contexto de uma matriz ética em que entre não como antivalor, como negação da necessidade de outros valores, e sim como indicativo da necessidade de aceitarmos as diferenças como legítimas. A tolerância, nesse contexto, seria um valor importante para se antepor à inclinação à exclusão, típica do argumento neoliberal.

Certamente o *sucesso pessoal*, um dos valores centrais da ética do neoliberalismo, poderia ser encaixado numa nova matriz ética, de modo a se tornar socialmente útil. Nos momentos de maior desespero ético, tenho apelado junto a meus alunos para o mais puro individualismo. Pergunto: vocês querem ser mais jornalistas medíocres no meio dessa massa de jornalistas que nunca fará nada de importante na vida? Provoco seu brio. Machuco sua auto-estima. Pergunto onde foram parar seus sonhos, se não têm sonhos como todo jovem. Se não têm a ambição de ser os melhores, os mais bacanas, os mais bem-sucedidos. É um argumento cativante porque parte da mentalidade existente, fundada na idéia do sucesso pessoal, de vencer na vida, chegando de modo natural à concepção do grande jornalista, ou seja, do bom jornalista. E o bom jornalista é, necessariamente, um jornalista ético.

O passo seguinte é discutir o que é ser bom jornalista e como fazer sucesso na profissão, como se destacar da massa dos medíocres. Lembrei-me de que costumava terminar meus cursos a alunos de quarto ano, quando eles já se preparavam para enfrentar a competição ferrenha no mercado, com uma aula em que dava dez sugestões para ser um jornalista bem-sucedido. Por exemplo, eu aconselhava os alunos a evitar, de início, as grande redações e a procurar se robustecer em redações pequenas e em áreas não-estratégicas do jornalismo. Dizia que o jornalista bem-sucedido é aquele que sabe o que os outros não sabem, que tem fontes que os outros não têm. Ou seja, trabalhava em prol do jornalismo de qualidade, até mesmo validando a idéia perversa da competição.

A maioria das sugestões dizia respeito ao processo de acúmulo de conhecimento e de fontes, à criação de um *saber* e de uma *competência* jornalística. Dizia, por exemplo, que o jornalista no Brasil nunca deve entregar os documentos e materiais para os arquivos das empresas, e sim montar seu próprio arquivo. As empresas perdem esses materiais: além disso, demitem arbitrariamente. E mais: em determinadas ocasiões, faça reportagens, aceite incumbências pesadas, para ter acesso a fontes e materiais que de outra forma seriam de acesso mais difícil. O *saber* passa a se localizar no jornalista e não nos arquivos das empresas. Assim, o jornalista vai se tornando um *sujeito do conhecimento* e um *ser epistêmico*, como o chamamos uma vez numa das reformas de nosso currículo na ECA. Também um autodidata, que vai crescendo intelectualmente à medida que vai suprindo todas aquelas lacunas de *conhecimento* deixadas pelos currículos escolares, especialmente os dos cursos de jornalismo que, como sabemos, são montados de modo arbitrário.

O saber é alérgico ao mau jornalismo, à manipulação desonesta da informação. Por isso, as grandes empresas, quando querem praticar o jornalismo desonesto, mandam repórteres jovens, que ainda não acumularam conhecimento, que não têm memória histórica. Certamente o *saber* pode ser um valor central numa nova ética, porque tem essa característica de tornar seu portador naturalmente resistente à desonestidade intelectual e à manipulação.

A escola tem um papel fundamental na procura de uma nova ética, porque por meio dela se desenvolve no jovem a *prontidão* para o saber e o conhecimento. Esse ser epistêmico vai estabelecer com o mercado um *conflito ético* feito de confrontos com editores autoritários e proprietários de mentalidade oligárquica. Por um lado, isso exige do jornalista a adoção de certas estratégias de sobrevivência. Por outro, esse conflito altera a qualidade do próprio mercado. Trata-se, nesse sentido, de um conflito necessário, um *conflito produtivo*. É o fim da falsa discussão: se a escola educa para o mercado ou contra o mercado.

É na escola também, e apenas na escola, que o aluno pode obter hoje o aporte de conhecimento sobre as teorias da ética e da moral necessárias para seu posicionamento específico no debate ético. Não temos ainda no Brasil instâncias como *comissões de ética* ou direitos trabalhistas como a *cláusula de consciência*, que permitem o acompanhamento regular do debate ético durante a carreira do profissional. Os poucos *ombudsman* que temos, já está visto, limitam-se a corrigir erros localizados de informação ou erros gramaticais, com isso legitimando os grandes processos de supressão da verdade e da liberdade do jornalista.

Na busca de uma ética não-metafísica, contemporânea e condizente com o ambiente discursivo da pós-modernidade, há três outros aportes possíveis. O primeiro é o que cobra a qualidade do jornalismo e da informação como um dos *direitos do consumidor*. O consumidor em duas dimensões: como indivíduo que paga e tem o direito de receber um produto de qualidade, e como cidadão, membro de uma sociedade, que tem o direito de informar e ser informado como parte de seus direitos de cidadania. Essas são abordagens compatíveis com a mentalidade neoliberal e, portanto, mais fáceis de ser trabalhadas.

Uma segunda abordagem é a denúncia da supressão da liberdade do jornalista no seu local de trabalho como um ato de *assédio moral*. Esse é um conceito novo, fundado no indivíduo e que naturaliza, por assim dizer, o direito político à liberdade intelectual[7]. Notem o paralelismo do conceito de assédio moral com o de assédio sexual.

Por meio dele, pode-se fazer a crítica das práticas autoritárias nas redações a partir de um discurso tipicamente pós-moderno e, portanto, com legitimidade discursiva. Finalmente, quero terminar com o que considero a maior dimensão do problema ético que vivemos hoje no Brasil: a dimensão política. Está claro, pela intensidade com que os meios de comunicação de massa são hoje manipulados pelos grupos dominantes para se manter no poder, que nosso principal problema ético hoje não é de natureza moral, e sim política. A supressão dos ditames da ética jornalística clássica e a banalização do assédio moral nas redações existem porque são instrumentais no uso dos meios de comunicação de massa pelos grupos dominantes para a manutenção de seus interesses, como é o caso do grande capital financeiro, ou para a perpetuação do poder político das classes a serviço desses interesses.

Isso significa que a luta por uma nova ética é também, e acima de tudo, uma luta política. Está condicionada por algumas das leis da política, tais como estar balizada por interesses sociais concretos, desenvolver-se por meio de etapas e objetivos táticos e estratégicos bem

7. Curiosamente, o primeiro tratamento jornalístico sobre o conceito de "assédio moral" para designar humilhações infligidas nas relações de trabalho apareceu na *Folha de S.Paulo*, um dos jornais com os maiores índices de rotatividade no emprego. In: "PERSEGUIÇÃO no trabalho é assédio moral". *Folha de S.Paulo*, 21 fev. 2002, Caderno Equilíbrio, p. 8-10.

definidos e estar articulada às demais lutas políticas do momento, como foi a luta pela instalação do Conselho de Comunicação Social e está sendo a luta pela cláusula de consciência e contra a concentração na indústria da comunicação. Na verdade, poderíamos organizar todas essas ações sob a retranca da ética, porque, entre tantos paradoxos de nossos tempos, um deles é o de que a pós-modernidade até aceita uma luta pela ética, desde que colocada em termos morais e pessoais não-político-ideológicos.

A proposta de uma nova ética que resgate o pluralismo e o valor verdade a serviço público, reelaborada como construção pedagógica de um novo jornalista contra-hegemônico, é hoje uma proposta necessária e importante para a sociedade e para o jornalismo.

Bibliografia

ALMINO, João. *O segredo e a informação*. São Paulo, Brasiliense, 1976.

CARDOSO, Adalberto M. "Jornalistas: ética e democracia no exercício da profissão". *Novos Estudos Cebrap*, nº 42, São Paulo, jul. 1995, p. 130-140.

CASTORIADIS, Cornelius. *A instituição imaginária da sociedade*. 2ª edição. São Paulo, Paz e Terra, 1982.

ENGELHARDT, H. T. *The Foundations of Bioethics*. New York, Oxford University Press, 1996.

ERBOLATO, Mário. *Deontologia da comunicação social*. Petrópolis, Vozes, 1982.

POTTER, V. R. *Bioethics: Bridge to the Future*. New Jersey, Prentice Hall, 1971.

REICH, Warren T. *Encyclopedia of Bioethics*. New York, Free Press, 1978.

Ética jornalística e direito à saúde

Texto escrito a partir da palestra proferida na II Conferência Brasileira de Comunicação e Saúde, Adamantina–SP, 10 a 12 de novembro de 1998, organizada pela Cátedra Unesco/UMESP de Comunicação para o Desenvolvimento Regional.

1. Introdução

As revoluções da microbiologia e da genética das últimas décadas quase dobraram o tempo de vida do ser humano. Com isso, os custos crescentes da saúde tornaram-se um problema central do Estado, assim como de cada cidadão. A desigualdade nas condições de saúde entre ricos e pobres, a começar pela própria diferença de expectativa de vida, tornou-se um dos mais pungentes testemunhos das promessas não-cumpridas da democracia. Nos países periféricos, três entre quatro pessoas ainda morrem antes de completar 50 anos (WHR, 1998).

A cobertura jornalística da saúde reflete mais do que outras o caráter de mercadoria da notícia. É marcada profundamente por mecanismos de espetacularização, simplificação, reducionismo, estereotipia, elitismo temático e instrumentalização ideológica, entre outros. A crescente mercantilização da própria saúde na era neoliberal agrava a falha clássica, que é a não-abordagem pelo jornalismo, assim como pela própria medicina, dos processos sociais de produção da doença e das neuroses, tratando apenas das manifestações desse processo.

Mas o principal problema da cobertura jornalística da saúde é o conflito entre os valores da ética jornalística e os da ética médica. Apesar de compartilharem alguns princípios, entre os quais o da dignidade da pessoa humana, ética jornalística e ética médica possuem fundamentos distintos. O jornalista deve buscar a verdade, doa a quem doer. O médico deve comparar a dor que sua intervenção vai suprimir com a que vai causar. O critério de determinação da conduta jornalística correta é um princípio. O critério da conduta médica correta é um resultado: o resultado hipotético dessa conduta. Este texto trata de alguns problemas específicos da cobertura jornalística da saúde, em especial do ponto de vista ético.

2. A saúde como direito de cidadania

As democracias pós-modernas se caracterizam por um alto grau de injustiça social. A luta pela justiça social manifesta-se por meio de discursos articuladores de demandas sociais em torno de direitos específicos de cidadania, entre os quais o *direito à saúde*. Mas é muito recente a inclusão da saúde entre os *direitos positivos* do cidadão, ou seja, direitos definidos em lei. A Constituição soviética de 1936 foi a primeira a incluir o direito à saúde. Em 1948, foi assinada a Declaração Universal dos Direitos Humanos, proclamando, no seu artigo XXV:

> "Todo homem tem direito a um padrão de vida capaz de assegurar a si e a sua família saúde e bem-estar, inclusive alimentação, vestuário, habitação, cuidados médicos e os serviços sociais indispensáveis, e direito à segurança em caso de desemprego, doença, invalidez, viuvez, velhice e outros casos de perda dos meios de subsistência em circunstâncias fora de seu controle"[1].

1. Nessa época a Declaração Americana dos Direitos e Deveres do Homem, assinada em Bogotá, incluiu o cuidado à saúde como um dos direitos fundamentais do ser humano no seu artigo XI: "Toda pessoa tem direito a que sua saúde seja resguardada por medidas sanitárias e sociais relativas a alimentação, roupas, habitação e cuidados médicos correspondentes ao

Com a consolidação da democracia como sistema político e valor moral, o direito à saúde começou a ser incluído em outras Constituições. Quarenta anos depois, ele foi inscrito na Constituição brasileira:

> "A saúde é um direito de todos e dever do Estado, garantido mediante políticas sociais e econômicas que visem à redução do risco à doença e de outros agravos e ao acesso universal e igualitário às ações e serviços para sua promoção, proteção e recuperação".

A partir da Constituição de 1988, o direito à saúde foi incluído em outras leis, como no Estatuto da Criança e do Adolescente. E foi se desdobrando. O movimento feminista forjou um novo conceito de *direito à saúde sexual e reprodutiva*, já incorporado em textos legais e convenções internacionais. Do movimento ambientalista, e sua contestação da lógica mercantil das atividades econômicas, surgiu a exigência de um meio ambiente saudável como um *direito difuso* de cidadania, ou seja, usufruído indiretamente pelo conjunto da população.

Os preceitos legais são claros e imperativos, mas não é simples para o jornalista reportar a saúde coletiva sob a ótica dos direitos de cidadania, devido a um quase insolúvel problema que poderíamos chamar de *paradoxo da justiça* em saúde. Se a saúde é um direito de todos e um dever do Estado, significa que o Estado deve prover gratuitamente todos os serviços de saúde disponíveis na medicina? É justo que mesmo as mais caras e sofisticadas terapias, como a fertilização fora do útero, sejam custeadas por toda a população, inclusive a mais pobre? O paradoxo da justiça é tanto mais grave quanto mais escassos forem os recursos, ou maiores as demandas em saúde. Que restrições aceitar no direito à saúde se os recursos da sociedade são necessariamente limitados diante das possibilidades da medicina, cada vez mais amplas?

---

nível permitido pelos recursos públicos e pelos da coletividade". Logo depois, a Organização Mundial da Saúde (OMS) definiu como seu objetivo alcançar a saúde para todos. Também nesse ano, o Partido Trabalhista instituiu na Grã-Bretanha o atendimento universal e gratuito à saúde para todos.

3. O problema ético do direito à saúde

Há diferentes abordagens éticas do paradoxo da justiça no usufruto do direito à saúde, refletindo visões diferentes da sociedade e da própria natureza do ser humano. Num extremo, estão as éticas chamadas altruísticas, que atribuem as desigualdades sociais ao estágio por que passa a organização da sociedade e não à natureza do homem em si. As principais são a marxista e a utilitarista. O *marxismo* propõe que todos devem receber os serviços, inclusive os de saúde, conforme a necessidade de cada um, ou seja, independentemente de méritos pessoais. É uma ética de fácil entendimento, mas que tropeça no paradoxo da justiça, diante da expansão contínua das demandas em saúde coletiva. Como satisfazer a todas as necessidades de saúde quando os recursos são escassos e todas as necessidades são consideradas de igual importância? Qualquer critério de seletividade colidirá com o valor ético fundamental da *equiparação* das necessidades de todos. A visão marxista do direito à saúde, utópica numa sociedade capitalista, tem no entanto grande influência moral na medicina e no debate de políticas públicas de saúde, inclusive na definição do Sistema Único de Saúde (SUS) brasileiro.

O *utilitarismo* resolve o problema do critério na alocação dos direitos à saúde propondo que as políticas públicas corretas são as que beneficiam o mais possível a maior parte da população, o que pressupõe a avaliação custo–benefício das políticas de saúde. Oferece, portanto, um critério firme de justiça na alocação dos recursos e na definição de políticas públicas de saúde. Por isso, e por ser uma das filosofias fundadoras da modernidade, especialmente no campo do saneamento, o utilitarismo é a ética hegemônica entre sanitaristas brasileiros e latino-americanos. Foi a que determinou, por exemplo, a formatação da primeira versão da lei dos transplantes, que considerou presumida a autorização da doação de órgãos, porque assim se beneficiava o maior número de pessoas. Mesmo na clínica médica, aplicada ao indivíduo, predomina o critério (utilitarista) de se buscar o máximo de benefício – o conceito "custo–benefício", tão usado na definição de políticas públicas[2].

2. Os fundadores do utilitarismo foram Jeremy Bentham e John Stuart Mill. Na história da medicina, tiveram grande influência Auguste Comte, fundador do positivismo, filosofia da ciência totalmente compatível com o utilitarismo, e seu seguidor Claude Bernard. Bioeticistas

No outro extremo situam-se as *éticas libertárias* de cunho individualista, nas quais a autonomia individual é o valor dominante. Na acepção liberal, se as pessoas forem meritórias ou esforçadas, necessariamente terão recursos para sua saúde, pois terão êxito na vida, incluindo o sucesso material. Mais do que isso, todas as políticas que restringem o jogo dos méritos e da competição individual e a autonomia do indivíduo acabam sendo prejudiciais ao conjunto da sociedade. Além disso, para redistribuir recursos de quem tem mais para quem tem menos, é preciso tirar de uns para dar a outros, o que afeta o direito à propriedade e à liberdade individual. Por isso é também chamada de ética egoística. Nessa ética, a justiça não é um valor moral independente e só a liberdade garante que a justiça seja feita. Segundo essa ética, cujo maior expoente é Tristan Engelhardt Jr., as ações do Estado no campo da saúde coletiva só se justificam em campanhas sanitárias. Numa variante libertária, defendida pelo bioeticista Charles Freid, intervenções do Estado na saúde também são justificáveis na proporção em que parte do patrimônio é público.

4. A ética da eqüidade

Entre os extremos éticos, existe a *ética da eqüidade*, de ampla e crescente aceitação na definição de políticas públicas de saúde. De raízes religiosas, inspirada nos princípios da caridade e da solidariedade, a ética da eqüidade concebe a sociedade como uma comunidade moral na qual o bem-estar de cada um deve ser preocupação de todos, mas em que a desigualdade é aceita como natural. Considera a democracia um jogo com ganhadores e perdedores, competindo entre si segundo regras iguais para todos. A igualdade da democracia está nas regras do jogo e não nas pessoas ou nas suas condições de vida. Robert Veatch, um dos formuladores da ética da eqüidade em saúde, aceita implicitamente a idéia da democracia como um jogo, mas no qual cada pessoa tem o direito de reclamar uma qualidade de vida tão boa quanto a dos demais[3].

---

contemporâneos de escolas não-utilitaristas, como Tom L. Beauchamps, endossam, no entanto, o critério "custo–benefício" como determinante das opções em saúde.

3. Para o primeiro grande estudioso da democracia americana, Alex Tocqueville, democracia era sinônimo de igualdade ou uniformidade nas condições de colonização e da liberdade de cada imigrante que acreditava que podia viver sem o outro, que mal conhecia, e sem

Segundo a ética da eqüidade, as políticas públicas de saúde devem alocar mais recursos aos que mais precisam, ou seja, conforme a necessidade e a capacidade dos grupos sociais, e não por critérios igualitários ou neutros. Eqüidade em saúde pode se limitar a tentar diminuir as desigualdades oriundas das diferenças, sem, necessariamente, se propor a abolir os mecanismos produtores de diferenças, mas, ao contrário, legitimando-os. Assim, nos Estados Unidos, não há direito constitucional à saúde para todos os cidadãos. O direito positivo à saúde é definido em lei ordinária apenas para grupos específicos, como os veteranos de guerra, os muito pobres e os idosos, e na forma de uma cesta básica de serviços de saúde. Não é, portanto, um direito de todos os cidadãos, e por isso a imprensa liberal não o cobra como direito de cidadania.

Nos Estados Unidos e em um número crescente de países, com o advento da era neoliberal, adota-se uma combinação das éticas libertárias e da eqüidade, que acaba por levar à criação de dois sistemas de saúde, um para os pobres e outro para os ricos[4]. O mais conhecido formulador dessa combinação é John Rawls, para quem as ações justas em saúde são aquelas que mais respeitam a liberdade individual na mesma medida em que mais trabalhem contra a desigualdade. Eqüidade e imparcialidade são seus valores referenciais. Eqüidade no sentido de dar preferência aos mais necessitados, sempre sem prejudicar a liberdade de escolha e a autonomia individual; *imparcialidade* porque as desigualdades no tratamento não podem ser definidas arbitrariamente: iguais devem ser igualmente tratados e desiguais tratados em proporção à desigualdade. Em termos práticos, Rawls defende o direito de todo cidadão a uma *cesta básica* de saúde, independentemente de outros fatores e, simultaneamente, o direito de cada cidadão a uma *fatia adequada* dos recursos públicos dedicados à saúde. Políticas públicas de saúde seriam definidas segundo esses dois critérios. Philip C. Hébert

---

ser oprimido por regras de um senhor, que não existia. Daí o individualismo e a ênfase na liberdade individual e no direito de competir na sociedade americana. Hannah Arendt, mais tarde, definiria a democracia americana como uma construção político-intelectual dos cidadãos, por meio de sua intervenção e sua participação, numa esfera necessariamente pública.

4. Os pobres são atendidos nos Estados Unidos pelo Medicaid e pelo Medicare, subvencionados pelo Estado; os ricos pagam seus seguros de saúde diretamente ou por meio de convênios nas empresas em que trabalham.

propõe mais dois critérios: não se deve prover nenhum serviço fútil ou não-beneficente, e as políticas públicas devem ser estabelecidas por meio do debate aberto e democrático.

5. Democracia e desigualdade em saúde

Apesar da ampla democratização do acesso a uma cesta básica de saúde, a desigualdade em saúde tem aumentado. De um lado, a medicina e a biologia molecular desenvolveram novos recursos de prevenção e de intervenção na saúde, mais acessíveis aos que podem pagar mais. De outro lado, em muitos países foi restaurada a democracia formal sem que se alterassem suas estruturas socioeconômicas e sua matriz cultural autoritária, para a qual contribuem o dogmatismo religioso e tradições machistas. Daí o dramático contraste entre os propósitos democráticos da Constituição de 1988 na esfera da saúde e o estado real da saúde no Brasil.

Seja qual for o alinhamento ético do jornalista, desde o extremo altruísta ao extremo libertário-individualista, ele deve cobrar as promessas formais não-cumpridas de democratização da saúde da Constituição brasileira porque, além de imperativos morais, são imperativos legais. Nas *democracias elitistas* da América Latina, as elites resolvem seus problemas de saúde de modo privilegiado, desinteressando-se pela democratização das soluções. Torna-se, inclusive, um atributo da elite o acesso a uma solução negada aos mais pobres. É o caso do aborto praticado em clínicas pelas mulheres da elite, enquanto permanece legalmente proibido. Nesses países, a luta pela democratização da saúde é também uma luta pela democratização do Estado e da matriz cultural dominante e pela superação de estruturas econômicas e sociais produtoras da doença. O *Estado* não é apenas um aparelho de dominação de algumas classes sobre outras, é também uma arena de confronto dos diversos interesses da sociedade.

6. Saúde como direito fundamental do ser humano

Ao mesmo tempo que foi definida como um direito positivo no marco dos Estados nacionais, ou seja, como direito dos cidadãos de cada Estado, a saúde foi erigida em *direito fundamental do ser humano*. O conceito de direitos fundamentais tem raízes na concepção de que todo ser humano nasce igual em dignidade e portador de uma sacralidade que não pode ser sacrificada em nome de conveniências políticas, razões de Estado ou interesses materiais. Isso significa que razões da saúde devem ter preferência sobre todas as outras.

Significa também que os serviços de saúde devem ser presididos pelos princípios do respeito à dignidade da pessoa e que a violação dos direitos à saúde é uma violação de direitos fundamentais. Foi esse o sentimento público que marcou a reação da sociedade civil – não dos serviços de saúde e nem da medicina – à epidemia da AIDS. Com esta epidemia nasceu um novo tipo de organização não-governamental que luta principalmente pela dignidade e pelos direitos humanos fundamentais dos portadores do vírus HIV. Nos serviços específicos de saúde e nas campanhas, o respeito aos direitos da pessoa passaram a ser um referencial obrigatório, abordagem que já teve conseqüências práticas importantes na regulação da experimentação clínica com seres humanos e no campo da psiquiatria[5]. Pelo critério dos direitos humanos, não basta ao jornalista cobrar políticas públicas, é preciso cobrar a dignidade no trato e no conteúdo das campanhas.

A saúde física e mental do ser humano é um pré-requisito para o exercício de seus demais direitos. E essa saúde exige um meio ambiente saudável, condições adequadas de vida e de trabalho, alimentação, moradia e educação – todos esses fatores também considerados direitos humanos fundamentais na constituição da Organização Mundial de Saúde (OMS) de 1948. Pelo critério dos direitos humanos fundamentais, o foco da saúde coletiva amplia-se além da dinâmica das doenças, para abarcar também a dinâmica dos processos produtores da doença, da neurose, da iniqüidade social e da degradação ambiental.

7. Jornalismo e movimentos populares de saúde

O direito à saúde no Brasil vem sendo conquistado principalmente por meio das organizações políticas ligadas ao campo popular e dos movi-

5. O Código de Nuremberg, de 1948, proibiu experiências com seres humanos sem o consentimento esclarecido da pessoa; na psiquiatria, a partir da reforma psiquiátrica levada a cabo na Itália, muitos países adotaram a política de desinstitucionalização dos doentes mentais e de restauração de seus direitos de cidadania.

mentos populares de saúde. Surgidos em sua maioria no Brasil durante a ditadura (1964-1979), esses movimentos caracterizam-se pela auto-organização, por possuir objetivos específicos e por sua diversidade. São constituídos por portadores de determinadas doenças ou deficiências físicas, como é o movimento dos hansenianos ou das vítimas da talidomida, pais de crianças excepcionais, associações de bairro que lutam pela construção de um hospital ou clubes de mães. Em geral utilizam-se de formas de *ação direta*, que tanto podem ser de pressão sobre as autoridades locais como de assunção da responsabilidade direta pelo bem ou serviço. Sua principal fraqueza era a falta de informação especializada, o que os punha em desvantagem no confronto com o Estado e as empresas – daí a contribuição de uma boa cobertura jornalística em saúde, fornecendo a movimentos populares de saúde informação estratégica e poder de barganha. A mídia, no entanto, ignora em geral os movimentos populares de saúde, seja como protagonistas ou como fontes, com exceção dos novos movimentos formados pela classe média, como os originados da luta contra a AIDS.

Às vésperas da Constituinte de 1988, diversos movimentos populares de reivindicação articularam-se com sindicatos e outras organizações em âmbito nacional, formulando estratégias de intervenção geral. Uma dessas articulações, que influiu decisivamente na Constituinte, foi o Departamento Intersindical de Assessoria Parlamentar (DIAP), formado por centenas de sindicatos. Outro foi o Movimento Popular de Saúde (Mops).

Os movimentos de saúde adquiriram visibilidade maior após a eclosão da pandemia da AIDS, que, por afetar inicialmente setores da classe média, suscitou o surgimento, em todo o mundo, de centenas de movimentos de saúde, já sob o designativo de organização não-governamental (ONG). Pela natureza de suas demandas, as ONGs são hoje os atores sociais que melhor expressam os interesses coletivos e os valores éticos universais no jogo de forças que acaba definindo as políticas de saúde. O direito universal de atendimento à saúde só se aplica de modo integral no Brasil justamente no tratamento dos portadores do vírus HIV, o que atesta o papel estratégico das campanhas em torno da AIDS no estabelecimento do direito à saúde como um direito de cidadania.

Os movimentos ecológicos feministas e das ONGs pelas vítimas da AIDS elevaram esse patamar de ação direta, principalmente pela sua alta capacidade de criação de conhecimento socialmente relevante, de formação de lideranças e de formulação de propostas de políticas públicas e de conceitos em saúde. As ONGs tornaram-se a interface entre a pesquisa acadêmica, as demandas populares e o Estado. Foram as primeiras organizações de base a responder à epidemia da AIDS não a partir da lógica sanitarista, que é uma lógica de custos, e sim a partir da dos direitos humanos fundamentais e dos direitos de cidadania. No caso da AIDS, eram também muito representativas das comunidades e dos setores atingidos.

8. Formas de luta por cidadania em saúde

A luta das minorias – em geral fora do sistema produtivo –, e não das maiorias organizadas em sindicatos, parece impulsionar hoje os direitos à saúde. Às vezes essas minorias não são exatamente minoritárias, mas segmentos longamente discriminados pela sociedade, como é o caso das mulheres em todo o mundo e dos negros, nas Américas. Os negros americanos conceberam o conceito de *ação afirmativa*, aplicável a um grande número de situações de saúde coletiva, com base no princípio de que a igualdade nas regras do jogo democrático às vezes tem que ser construída, seja porque certas minorias enfrentam barreiras historicamente construídas, seja porque nascem em situação de extrema desvantagem. Criar escolas especiais para crianças disléxicas para que possam almejar as mesmas oportunidades das crianças comuns é uma ação afirmativa. Dar preferência a portadores de deficiências físicas em certos empregos que não necessitem de locomoção ou leitura, como o de telefonistas, é uma ação afirmativa. Dar preferência na cobertura em saúde aos que têm menos acesso aos serviços pagos é uma ação afirmativa. A igualdade de oportunidades tem que ser construída. Da mesma forma e pelos mesmos motivos, a mídia, sem prejuízo da veracidade jornalística, alinha-se eticamente com os mais fracos.

Outro processo é a *desobediência civil*, que pôs fim ao *apartheid* no Sul dos Estados Unidos e à opressão britânica na Índia. O que caracteriza a desobediência civil é, em primeiro lugar, a justeza moral de sua causa, que por isso deve ser uma causa universal. O movimento negro norte-americano não lutava pelos direitos dos negros, e sim pelos "direitos civis" com um valor universal, entendendo que a discriminação contra os negros na verdade se voltava contra todos, negros e não-negros, ao violar o princípio da igualdade política entre os homens. Cria-se um conflito de repercussão profunda entre a justeza das reivindicações e a injustiça das punições, até que a sociedade se vê compelida a modificar as leis na direção almejada pelo movimento.

A luta pelos direitos reprodutivos e pela segurança ambiental deu origem a um novo tipo de jornalismo, inspirado no que os norte-americanos chamam de *media advocacy*, ou *mídia militante*. Trata-se de campanhas políticas centradas na comunicação, muitas vezes comandadas por uma ONG, que têm como objetivo ganhar a opinião pública para causas específicas e bem delimitadas, especialmente para mudanças na legislação ou nas normas de direito. Uma das ONGs que se utilizam da mídia militante de forma mais dramática, provocando conflitos espetaculares que a mídia se vê obrigada a cobrir com destaque, é o Greenpeace. Na ética da mídia militante, o que vale é a vitória dos objetivos a alcançar. A informação é selecionada, elaborada e se necessário manipulada ou suprimida para garantir o sucesso dos objetivos propostos. Sua ética de persuasão pode entrar em conflito com a ética jornalística de buscar a verdade.

O movimento feminista usa tanto a metodologia de mídia militante para tentar consolidar o direito ao aborto da mulher estuprada ou da que corre risco de vida se der à luz (aborto legal) como táticas de desobediência civil. Esse direito é obstado pela falta de serviços médicos adequados à sua garantia e pela lentidão dos procedimentos formais impostos pelos médicos para se proteger contra eventuais acusações de prática ilegal de aborto. A mídia militante procura dramatizar o problema e aliar-se a setores afins, como grupos de legisladores ou de médicos, ou mesmo de jornalistas, criando um sinergismo que leva às mudanças concretas predefinidas como objetivos da campanha. Nesse caso, o objetivo principal é consolidar o direito da mulher estuprada ao aborto legal, e o objetivo secundário é estender esse direito por meio de uma interpretação flexível do conceito de gravidez de risco. Alguns juízes já permitem o aborto legal para casos de má-formação do feto, mesmo não havendo risco de vida para a mãe no seu sentido estrito. Nesses casos, alguns médicos também já interrompem a gravidez por iniciativa própria.

A luta por direitos de saúde do movimento feminista trouxe novos aportes à definição de direitos de saúde, como o conceito de *empoderamento*, da expressão inglesa *empowerment* (poder), que amplia e sofistica o antigo conceito de *acumular forças*, utilizado pelo movimento operário. Empoderamento significa consolidar continuamente o acúmulo de forças, de modo a se tornar mais forte e mais consciente para um novo acúmulo de forças, num processo que prevê aquisição combinada de mais conhecimento, mais organização, mais articulação e mais capacidade de conceituação. É central o papel das ações comunicativas nesse processo, que por sua vez se aplica a todas as lutas populares pela saúde e pelo meio ambiente.

9. A ideologia no jornalismo da saúde coletiva

Hoje, os meios de comunicação de massa substituem as praças públicas como o espaço físico da política e, portanto, da comunicação. Nesse espaço, o jornalismo não é um mediador neutro entre os diversos interesses, públicos e privados, ou entre os diversos saberes e protagonistas da saúde coletiva. Goza de autonomia discursiva na criação simbólica de sentidos, pela sua capacidade de escolher ou descartar temáticas, fundir, teatralizar os fatos, reformular e recriar narrativas. Pode oscilar de um extremo de conformismo e reforço dos padrões dominantes ao extremo oposto da crítica total, contribuindo para sua mudança. Nesse processo, tornará público o que autoridades desejam manter em segredo, dará sentido ao que parece desconexo, desarranjará e rearranjará o discurso da saúde de inspiração científica, médica ou dos aparelhos de Estado.

O controle dos meios de comunicação de massa por grupos econômicos, conglomerados internacionais e elites propicia às classes dominantes uma vantagem permanente na disseminação do padrão mercantil de serviços e das políticas públicas de saúde. A função ideológica dos meios de comunicação de massa é exercida em geral por meio da determinação da *agenda de discussão*; as classes dominantes e frações dessas classes sabem que a mídia tem grande capacidade de definir o que é discutido num determinado momento pela comunidade e em que termos se deve dar a discussão. Geralmente faz isso reforçando ou confirmando percepções da população herdadas de uma experiência vivida, criando assim uma opinião coletiva. Pode-se mesmo entender a mídia militante dos movimentos populares como alternativas de quebrar a agenda dominante e substituí-la por uma agenda alternativa popular.

Os jornalistas também estão sujeitos a certos mecanismos sutis de seleção temática e ideológica, muitos vezes imperceptíveis, que atuam como *filtros ideológicos* tendentes à *produção do consenso* na sociedade, em torno de interesses dominantes. Entre esses filtros estão a publicidade, as fontes do governo, a origem social dos próprios jornalistas. Na cobertura de saúde, os jornalistas tendem a se apoiar excessivamente em fontes oficiais ou de autoridades médicas, excluindo assim outras percepções dos problemas de saúde.

10. A ética das campanhas sanitárias

Campanhas educativas e preventivas de saúde, promovidas em geral pelas autoridades sanitárias, devem merecer cobertura crítica da mídia, e não meramente caudatária, porque são concebidas no interior da ideologia sanitária dominante, que não é necessariamente conscientizadora, quase sempre fundada numa lógica de custo–benefício. Em especial, as campanhas sanitárias violam direitos humanos fundamentais quando, por exemplo, isolam doentes, criam quarentenas, forçam a aplicação de medicamentos ou vacinas, culpabilizam as vítimas. Por correr a reboque de uma visão médica da AIDS inicialmente equivocada, a mídia contribuiu para a formação dos estereótipos que estigmatizaram o portador do vírus HIV e para o fracasso da maioria das campanhas contra a AIDS. Dez anos depois de surgir, a epidemia ainda matava por ano 1,7 milhão de adultos. Quando virou doença de pobre e quando a morte deixou de ser uma certeza, graças aos novos coquetéis de medicamentos, a AIDS perdeu seu fascínio na mídia.

É nas campanhas sanitárias que mais aparece a contradição entre ética médica e ética jornalística. No jornalismo, a *verdade* é o valor referencial, a ponto de se constituir em ideologia legitimadora da ação jornalística[6]. A verdade de interesse público deve ser buscada e sociali-

---

6. A base da ética da verdade é a filosofia kantiana, que divide os valores da conduta humana em categóricos e hipotéticos. Os categóricos são os que valem, sejam quais forem suas

zada independentemente de suas conseqüências. Trata-se de uma ética não-conseqüencial. Na saúde, o valor supremo é o resultado da ação médica ou sanitária, uma ética basicamente conseqüencial. Ao reportar, por exemplo, um novo surto epidêmico, o jornalista não deve sacrificar a verdade em nome da conveniência sanitária.

O envolvimento do jornalista em campanhas de prevenção também pode levar à promiscuidade nas relações com instituições e agências de governo, à renúncia do distanciamento crítico e da capacidade de revelar erros e desvios, à troca da lógica analítica e explicativa pela retórica da persuasão. Geralmente as campanhas sanitárias são apresentadas como as únicas possíveis. Mas o Estado decide dentro de um contexto de forças políticas e sob uma forte determinação de classe ou de estamentos, ou de interesses mercantis ou geopolíticos. No limite, campanhas de vacinação contra o sarampo ou contra a tuberculose podem ser vistas não como a melhor forma de evitar essas doenças, mas como a melhor forma de não precisar mexer na estrutura econômica e social produtora do sarampo e da tuberculose, de não precisar prover emprego para todos, de perpetuar uma sociedade desigual e um hábitat sujo. A prática médico-sanitária tem também uma dimensão de controle social.

Outro problema é o conteúdo das mensagens, em geral sobredeterminado pelos códigos e pelas linguagens da propaganda convencional, tanto por ser criado pelas agências de propaganda, como pela natureza dos veículos usados. Além de graves disfunções em termos de público-alvo e em eficácia da mensagem, como se verificou nas primeiras campanhas de prevenção da AIDS no Brasil, dá-se uma reiteração da ideologia dominante, seja direta, seja ou subliminarmente.

Freqüentemente as campanhas fazem apenas um recorte de alguns indicadores epidemiológicos, atacando estritamente esses fato-

---

conseqüências. Os hipotéticos são os que só valem se forem dirigidos a determinados objetivos. Pelo *imperativo categórico da verdade* de Kant, a verdade não depende de objetivos e nada justifica o sacrifício da verdade, nem mesmo se sua revelação colocar em risco a vida humana, sendo incorretas todas as ações humanas que exigem o segredo.

No *ethos* do jornalista, é muito forte a influência do imperativo categórico de Kant, mesmo a maioria dos jornalistas não conhecendo a filosofia kantiana. Ele está presente em todos os códigos de ética jornalística e nos manuais de redação e de ensino de jornalismo, no espírito do jornalismo. Mas outros valores também formam a ética jornalística, inclusive a busca do *sucesso* nas vendas, mesmo com arranhões no valor verdade. Veículos e jornalistas que priorizam o valor verdade enfatizam a precisão da informação e adotam como procedimento editorial principal a dupla checagem dos fatos; evitarão publicar algo não totalmente checado, mesmo sob o risco de ser furados pelo competidor.

res, sem mexer no contexto social e econômico que os cerca, ofuscando mesmo as determinantes da doença. O alcance de muitas das campanhas de endemias específicas, tão valorizadas pela tradição sanitarista latino-americana, é questionável não só pelo fracasso de algumas dessas campanhas, mas também pela constatação de que raramente uma campanha isolada consegue melhorar os indicadores gerais de qualidade de saúde. Ao desviar a atenção das determinantes da saúde, algumas campanhas podem ser vistas também como um exercício de determinação de uma agenda dominante. Uma campanha para levar leite a crianças desnutridas do Nordeste, por exemplo, é, ao mesmo tempo, um exercício de desvio das determinantes da miséria nordestina.

Um exemplo notável de campanha de erradicação questionável são as tentativas de erradicação da esquistossomose, que afeta populações muito pobres, por meio do combate ao esquistossomo ou ao caramujo portador. A concepção subjacente a essas campanhas é claramente a da causalidade das doenças por um organismo agressor, quando a única razão da agressão é a ausência de latrinas. A instalação de latrinas seria muito mais eficaz. No entanto, não tem sido essa a ênfase das autoridades médicas e da própria OMS. Não só porque isso implicaria subverter a estrutura socioeconômica, mas também porque instalar latrinas não abre um campo de pesquisas científicas e de desenvolvimento de bactericidas; não abre mercado a novos antibióticos, germicidas e bactericidas. Da mesma forma, nas grandes metrópoles latino-americanas, ações que diminuam acidentes de trânsito ou reduzam a criminalidade urbana melhorariam muito os indicadores gerais de mortalidade e morbidade, apesar de não serem ações médico-sanitárias no sentido estrito.

11. A cidadania e a promoção da saúde

Da crise da saúde coletiva na pós-modernidade, surgiu um novo discurso médico-sanitário, que tenta ir além da mera noção de prevenção em saúde, propondo a *promoção da saúde*. Enfatiza a necessidade de que comunidades e famílias assumam maior responsabilidade direta por programas de saúde. A proposta é compatível com as novas necessidades de convivência mais longa dos idosos com suas famílias e com a concepção holística dos problemas de saúde, não só de idosos, mas também de adolescentes, de acordo com a qual o ambiente e a convivência têm papel terapêutico e as soluções de saúde não são meramente médico-terapêuticas: envolvem formas de relações sociais e de trabalho. Uma aplicação radical da proposta de promoção da saúde foi a *reforma psiquiátrica* italiana, que revolucionou o tratamento dado a portadores de doenças mentais e hoje se difundiu em outros países. Essa reforma não só devolveu os doentes mentais ao convívio da sociedade e de seus familiares, como, ao mesmo tempo, restaurou seus direitos de cidadania. Em graus variáveis, o mesmo problema da aceitação e recuperação de direitos fundamentais afetou portadores da hanseníase, caçados a laço no início do século XX e confinados em campos de concentração, e, em menor intensidade, os portadores do vírus HIV, já no limiar do novo século.

Como respeitar os direitos de cidadania e sociabilidade desses doentes se seus familiares, suas comunidades, não os receberem e não se envolverem ativamente em seu tratamento? A mídia tem uma responsabilidade muito especial, pois passou décadas reforçando estereótipos que agora precisam ser desconstruídos, caso contrário essas pessoas não serão aceitas pelas comunidades e pelos familiares. Por exemplo, o estereótipo do doente mental como portador de níveis de agressividade crescentes, tão repetido pela mídia, especialmente pela de entretenimento, reflete um preconceito, não uma verdade científica.

Mas, subjacente à proposta de promoção da saúde, está a nova percepção de que não basta aumentar gastos para melhorar a saúde. É preciso envolver familiares, pacientes e comunidades nessas ações. Nos Estados Unidos, gastam-se quase 4 mil dólares por habitante a cada ano em saúde, mas um quarto da população sofre carências básicas e a saúde geral da população não é melhor do que na Grã-Bretanha, onde se gasta menos de um terço dessa quantia. Gastos maiores podem significar maior "medicalização" do corpo humano e mercantilização da saúde, não necessariamente melhor saúde, especialmente nos países em que já se gasta bastante nessa área. A partir de um certo nível de dispêndios, mais gastos trazem cada vez menos ganhos em qualidade de saúde. Na América Latina, inclusive no Brasil, que gasta menos de 200 dólares por habitante/ano em saúde e onde ainda se luta por direitos básicos nesta área, a proposta da *promoção da saúde*, pode, no entanto, servir de legitimação ao não-cumprimento pelo Estado de suas responsabilidades como provedor de serviços e políticas de saúde. Mas a maior crítica ao conceito de promoção da saúde está em que ele não toca nas raízes políticas e econômicas da má qualidade de vida nos países periféricos, permanecendo como um discurso basicamente médico-sanitário.

12. O problema da saturação da informação em saúde

Poucas áreas da atividade humana produzem tanta informação, em tantos níveis e tão atualizada e regionalizada, como a das ciências biomédicas e da saúde coletiva. O problema do jornalismo em saúde coletiva não é a falta de informação, mas seu excesso e as dificuldades de dialogar criticamente com os vários discursos da saúde: o médico, o científico, o do Estado, cada qual com sua lógica própria. O que menos aparece é o discurso do cidadão, ou o dos movimentos populares de saúde. A medicina tenta se salvar da avalanche de informação criando serviços de "melhor informação disponível", que já seleciona informação segundo certos critérios e necessidades. Essas informações também estão disponíveis para os jornalistas em bancos de dados eletrônicos, acessíveis via internet, e em publicações regulares. Os boletins epidemiológicos fornecem dados regulares sobre o avanço e os surtos de epidemias e endemias. Entre profissionais de saúde, há muitos que se orientam por uma visão social, sendo abundante a literatura crítica da própria medicina; há sempre profissionais bem informados e bem articulados.

O problema da abordagem pode ser resolvido rompendo com a lógica custo–benefício do sanitarismo, com a lógica mercantil das empresas de saúde e das próprias empresas de comunicação e com a lógica assistencialista do Estado, adotando o entendimento da saúde como um direito fundamental do ser humano, considerado nos Estados nacionais um direito de cidadania. Isso significa levar em conta as relações políticas na definição das políticas públicas e as de poder e de gênero na prática médica, além das relações entre diferentes categorias de trabalhadores em saúde nos sistemas de saúde.

Bibliografia

ALMINO, João. *O segredo e a informação*. São Paulo, Brasiliense, 1986.

ALTHUSSER, Louis. *Aparelhos ideológicos de Estado*. São Paulo, Graal, 1983.

BAUDRILLARD, Jean. *A sociedade de consumo*. São Paulo, Elfos, 1995.

BERLINGUER, Giovanni. *Medicina e poder*. São Paulo, Cebes/Hucitec, 1978.

BOBBIO, Norberto. *Estado, governo e sociedade*. São Paulo, Paz e Terra, 1990.

ENGELHARDT, T. H. *The Foundations of Bioethics*. New York, Oxford University Press, 1986.

FOUCAULT, M. *A arqueologia do saber*. Lisboa, Vozes, 1972.

HÉBERT, Philip C. *Doing Right*. Ontario, Oxford University Press, 1996.

LUMMIS, C. Douglas. "Equality". In: SACHS, W. (org.). *Development Dictionary*. London, Zed Books, 1996.

MILLS, John Stuart e BENTHAM, Jeremy. *Utilitarianism*. Fontana, London, 1968.

OPAS. *Boletim Epidemiológico*, 1997.

PHILO, Greg. *Media and Mental Distress*. London, Longman, 1996.

RATZIN, Scott C. "Health Communication as Negotiation". *American Behavioral Scientist*, v. 38, nº 2, nov. 1994, p. 224-247.

RAWLS, John. *A Theory of Justice*. Oxford, Oxford University Press, 1976.

TURSHEN, Meredith. *The Politics of Public Health*. London, Zed Books, 1989.

VEATCH, R. M. *Medical Ethics*. Boston, Jones&Bartlett, 1989.

WHR – *World Health Report, 1998*. WHO, Geneva, 1998.

Jornalismo e corrupção

Estudo realizado em novembro de 2000
para a ONG Transparência Brasil. Uma versão preliminar
reduzida foi publicada em *Universidade e Sociedade*,
ano XI, nº 25, dez. 2001.

1. O jornalismo marrom

"You furnish the pictures. I'll furnish the war."[1]
William Randolph Hearst, respondendo a um telegrama de seu fotógrafo enviado a Cuba, que dizia não haver guerra alguma por lá[2].

Há até uma expressão para o jornalismo desonesto: imprensa "marrom"[3]. Sempre houve um jornalismo "marrom", feito de matérias compradas, chantagens editoriais, mentiras e deturpação grosseira da verda-

1. Você fornece as fotos. Eu forneço a guerra.
2. Cf. SWANBERG, W. A. *Citizen Hearst.* New York, Bantan Books, 1961, p. 127.
3. Sua origem provável é a expressão *yellow press*, que designava a imprensa sensacionalista americana, a partir de uma tira cômica publicada por Pulitzer de um menino vestido de amarelo que fazia estripulias.

de para favorecer grupos econômicos ou políticos. Ou simplesmente para vender mais jornal. Willian Hearst de fato provocou uma guerra só para vender mais jornal. Nessa época, final do século XIX, a imprensa havia atingido o apogeu como indústria capital-intensiva, com a invenção do papel-jornal e de rotativas capazes de imprimir até 1 milhão de exemplares, e o auge do sensacionalismo como padrão editorial[4]. O típico dono de um grande jornal era um empresário inescrupuloso, que manipulava seu recém-adquirido poder de influenciar a opinião pública para obter ganhos materiais. Eram chamados de *tycoons* da imprensa[5]. O mais notório foi William Randolph Hearst, inspirador do personagem de *Cidadão Kane*, de Orson Welles. Cientes de seu poder de difamar e destruir reputações com uma simples reportagem de jornal, esses grandes capitães da indústria dos jornais recorriam com freqüência à extorsão e à chantagem[6]. A versão brasileira do *tycoon* foi tardia: Assis Chateaubriand, na segunda metade do século seguinte, criou no Brasil a cadeia de jornais Diários Associados, assim como o Museu de Arte de São Paulo (MASP), com base nos favores do Estado e na extorsão.

A corrupção é uma prática sedutora na indústria de comunicação pelo fato de nela se combinar o poder de influenciar politicamente a opinião pública com o poder econômico. Nenhuma outra indústria tem essa característica. É prática também comum entre os próprios jornalistas, por sua proximidade do poder e do jogo de influência dos poderosos. Assim, a corrupção na mídia se manifesta em dois níveis: na relação do jornalista com os fatos e fontes e na relação da empresa com o poder. Os episódios específicos de corrupção da verdade podem se manifestar em um desses níveis ou pela combinação dos dois. Foi justamente a corrupção e o sensacionalismo que levaram a American Newspaper Association a publicar um primeiro código de ética, em 1922, enfatizando como atributo ético principal do jornalista a integridade de caráter. O código exige honestidade na esfera da prática do jornalista, do seu ofício, e não na esfera das práticas empresariais.

---

4. Cf. ALTSCHULL, J. H. *Agents of Power*. New York, Longman,1984.

5. A expressão *tycoon* veio da fama na época dos líderes da revolução modernizadora do Japão. Seu chefe supremo era o *tai-cun*. Sobre os *tycoons*, ver KUCINSKI, B. "Chatô, o poder da chantagem". In: *A síndrome da antena parabólica*. São Paulo, Editora Fundação Perseu Abramo, 1998.

6. Uma das teorias sobre a origem da palavra chantagem é a palavra *chanter*, do francês (cantor).

Hoje, na era do jornalismo digital *on line* e do predomínio do capital financeiro e da globalização capitalista, a corrupção incide principalmente no jornalismo econômico, que estabeleceu relações promíscuas e venais com o capital financeiro. Analistas de bancos e corretores de valores conseguem ganhos extraordinários nas bolsas de valores ou mesas de taxas de câmbio por intermédio da disseminação de notícias falsas ou falseadas e até mesmo de notícias verdadeiras, mas depois que já realizaram ganhos a partir de *informações privilegiadas*, ou seja, do conhecimento antecipado desses fatos[7].

Com o colapso da Enron e outras grandes empresas norte-americanas na primeira crise da economia virtual em 2002, descobriu-se que essas empresas faziam pagamentos volumosos a jornalistas de prestígio pela redação de discursos ou relatórios, forma disfarçada de comprar seus favores. A colunista do *Wall Street Journal*, Peggy Noona, recebeu 20 mil dólares por um discurso. Larry King, Roberto Novak e grande número de jornalistas famosos receberam pagamentos de até 50 mil dólares pelo mesmo serviço[8].

Hoje também contribuem decisivamente para novas formas de corrupção da verdade e de complacência na crítica dos abusos do poder a perda de demarcação entre jornalismo e entretenimento, e entre redações e departamentos de publicidade.

2. O padrão latino-americano de corrupção

"Aos amigos, tudo; aos inimigos, a lei."
Getúlio Vargas

A consigna atribuída a Getúlio Vargas diz que as leis no Brasil são feitas não para regular as relações entre o público e o privado, mas para regular a corrupção: para criar dificuldades, de modo que o poder possa vender facilidades. Aos amigos, é claro. Aos inimigos, a lei. A cor-

7. Em dezembro de 2002, as dez maiores corretoras de valores dos Estados Unidos concordaram em pagar 1,4 bilhão de dólares em multas para pôr fim a um processo movido pela SEC (US Security and Exchange Commission), por manipularem informações privilegiadas. Além disso, foram obrigadas a separar analistas do executivo das empresas. Cf. *Jornal do Brasil*, 21 dez. 2002, p. A13. *O Estado de S. Paulo*, 21 dez. 2002, p. B10.

8. Cf. Relato do presidente executivo do *New York Times*, Howard Kurtz, e "A imprensa e a Enron: ligações perigosas", *O Estado de S. Paulo*, 3 fev. 2002, p. B8.

rupção, portanto, faz parte do núcleo de nossa estrutura política autoritária, na qual o Estado se coloca a serviço de interesses privados e não públicos, e já começa na própria formulação das leis e dos regulamentos. A corrupção regula a alocação final dos favores do Estado entre os diversos grupos privados que competem pelos mesmos recursos. "As grandes fortunas [na América Latina] foram feitas mediante a obtenção de privilégios... em muitos casos nem sequer existia consciência pesada de estar cometendo um delito. O poder era para isso: dispensar favores"[9].

Nesse sistema, proliferam leis e obstáculos regulatórios, um Estado cartorial que quase força o recurso das propinas junto ao funcionalismo público, tal o excesso de proibições[10]. A imprensa não escapa a essa condição, e foi justamente com Getúlio que a corrupção da imprensa atingiu estágio superior, tornando-se sistêmica. "No auge do Estado Novo, entre 1939 e 1942, o Departamento de Imprensa e Propaganda (DIP) utilizou uma verba secreta para subvenções mensais a 11 ou 12 jornais do Rio, São Paulo, Minas Gerais, Rio Grande do Sul e Bahia"[11].

A corrupção também é intrínseca à relação de subordinação de nossa economia aos grandes capitais internacionais, de início a metrópole portuguesa, depois os sucessivos impérios econômicos: Inglaterra e Estados Unidos. "As colônias [da América Latina] eram um lugar para ir roubar."[12] Até hoje a corrupção ocupa lugar de destaque na política latino-americana e, em alguns países como Venezuela, Brasil, Equador e Peru, tem sido por muito tempo a questão política central. Uma ONG regional, a Periodistas Frente a la Corrupción (PFC), chegou a ser formada para proteger jornalistas perseguidos por suas reportagens contra a corrupção. Em seu relatório de 2002, a PFC relacionou

9. Cf. MONTANER, Carlos Alberto. "Museu da corrupção". *O Estado de S. Paulo*, 1º abr. 2001, p. A1.

10. Daí o grande número de "leis que não pegam". Um levantamento feito pelo Instituto Brasileiro de Planejamento Tributário revelou que entre a promulgação da Constituição em 5 de outubro de 1988 e 28 de fevereiro de 2002 haviam sido editados mais de 1,7 milhão de leis, regulamentos ou outros dispositivos legais. Cf. SANTANA, Lourival. "O país das leis que não pegam cria 41 normas por dia". *O Estado de S. Paulo*, 14 abr. 2002, p. A12.

11. Cf. depoimento de Licurgo Costa, que foi diretor administrativo do DIP, em *Valor Econômico*, 14 dez. 2002, p. 16 do suplemento "Fim de Semana". Licurgo estimou o total em 30 mil dólares mensais, em valores da época, ou entre 25 e 100 contos de réis por jornal. O *Correio da Manhã* só aceitava a subvenção na forma de publicidade oficial ou dos bancos oficiais e *O Estado de S. Paulo* recusava toda forma de subvenção.

12. MONTANER, Carlos Alberto, *op. cit.*

114 casos de represálias contra jornalistas nessa região por suas reportagens investigativas contra a corrupção, dos quais sete foram assassinados. A PFC listou quatro mecanismos principais que dificultam o trabalho de denúncia de corrupção pelos jornalistas na América Latina: dificuldade de acesso a documentos oficiais, leis que protegem a "honra" dos funcionários públicos, retaliações dos governos e dos grandes empresários e alta concentração da propriedade das empresas jornalísticas[13].

Em sua relação de dependência, a burguesia nacional, conhecedora profunda dos caminhos do poder, funciona como "testa-de-ferro" dos grandes grupos internacionais, fazendo para eles a corretagem dos favores do Estado. Por isso, a corrupção permaneceu como traço essencial, demarcador mesmo, de nossa cultura política, atravessando as diversas fases de nossa história de economia dependente.

A corrupção é também parte do controle social fundado no terror, necessário primeiro à manutenção da escravidão e do monopólio da terra pelas grandes famílias, depois à supressão das revoltas camponesas e separatistas e, finalmente, à exclusão social aguda dos dias atuais sucessora da escravatura. Somente policiais muito embrutecidos podem exercer o terror. Por isso, são selecionados às avessas, entre os mais ignorantes e mal pagos. As polícias têm sido historicamente os baluartes mais permanentes da corrupção. Finalmente, o clientelismo político, associado ao populismo, forma tipicamente latino-americana de fazer política, vive da corrupção. O político favorece o eleitor com algum serviço público ou presente em troca de seu voto.

O mecanismo clássico e mais corriqueiro de corrupção no Brasil se funda no superfaturamento de obras públicas. O político financia sua campanha com dinheiro de construtoras e fornecedoras, que por sua vez repassam esse custo aos contratos com o poder público. Assim se fecha o circuito da corrupção política, fazendo dela um sistema. Alguns casos são descobertos, mas a maioria passa despercebida pelos órgãos de fiscalização, tal o grau de sofisticação desenvolvido pelos políticos mais experientes. A pratica é tão disseminada que alcançou

13. Ver o relatório da PFC em http://www.portal-pfc.org. É nesse contexto que o Congresso brasileiro tentou passar a "Lei da Mordaça", que proíbe a Justiça de prestar à imprensa informações sobre o andamento de processos que possam danificar a reputação dos acusados.

algum grau de legitimação, como se fosse um mal necessário, como exprime o *slogan* "rouba, mas faz", atribuído ao famoso ex-governador de São Paulo Adhemar de Barros, que construiu grandes hospitais e estradas[14].

O comportamento da mídia em relação à corrupção envolvendo empreiteiros e políticos se caracteriza por um duplo padrão. Quando o caso se dá em cidades pequenas e médias, nas quais os jornais fazem parte integral do esquema regional de poder, a mídia se revela complacente com a corrupção até o limite da cumplicidade[15]. Nos episódios de alcance nacional em que não há relação direta entre os veículos de imprensa e os grupos econômicos e políticos envolvidos na corrupção, a postura é diametralmente oposta. A mídia explora as denúncias de corrupção ao máximo para aumentar sua vendagem e, em parte, substituindo a Justiça, que é ineficaz.

Dado o papel constitutivo da corrupção na vida política brasileira, não é de admirar que o tema do combate à corrupção também tenha se tornado recorrente no discurso político brasileiro. Pelo menos um partido político no passado, a União Democrática Nacional (UDN), e outro no presente, o Partido dos Trabalhadores (PT), desenvolveram seus discursos em torno da moralidade política. E pelo menos um político brasileiro, Jânio Quadros, fez toda a sua carreira, de vereador a presidente da República, passando pela prefeitura de São Paulo e pelo governo do estado de São Paulo, exclusivamente com base na bandeira de combate à corrupção – que ele levantou hipocritamente, pois ao final foi um dos mais corruptos governantes do país.

O próprio golpe militar de 1964 usou como pretexto combater "a corrupção e a subversão". Durante a ditadura militar, a corrupção foi

---

14. Às vezes um pequeno descuido leva à elucidação de grandes esquemas de corrupção. Foi o caso do prefeito de Londrina, Antonio Belinatti, cassado em 22 de junho de 2000, ao fim de um processo iniciado porque o crescimento desmedido do mato em Londrina não combinava com as verbas supostamente gastas para a capina. Nesse processo, descobriu-se que Belinatti gastara 1 milhão de reais para promover a inauguração de um centro de saúde que havia custado 3 milhões de reais. Cf. SILVEIRA, Fábio Alves. *Imprensa e política: o caso Belinatti*. Dissertação de mestrado. Londrina, Universidade Estadual de Londrina, 2002.

15. Foi assim o comportamento dos jornais de Londrina no episódio de corrupção envolvendo o prefeito Antonio Belinatti. Já em março de 1998, havia fortes indícios de corrupção na venda de 45% das ações da empresa local de telefonia, Sercomtel, mas os jornais locais ocultaram as informações até o limite do possível, e só se somaram às denúncias quando um jornal de fora, *O Estado de S. Paulo*, as estampou com todo o destaque merecido. Cf. SILVEIRA, Fábio Alves, *op. cit.*, e *Fórum*, Londrina, Ano II, nº 3, jan.-mar. 2002, p. 4.

institucionalizada e, portanto, neutralizada como fator de favoritismo, o que pode parecer um paradoxo. Mas uma ditadura é, por definição, a corrupção institucionalizada. A ditadura militar instituída em 1964 consagrou o papel da burguesia nacional como testa-de-ferro dos interesses estrangeiros, criando o modelo do "tripé", que associava o Estado como provedor de infra-estrutura, as multinacionais como fornecedoras de *know-how* e a burguesia nacional como a corretora dos acordos.

Também as altas taxas de crescimento econômico do período, chamado de "milagre econômico", tornavam menos necessário o favoritismo, já que as oportunidades novas surgiam a todo momento, havendo menos necessidade de competir pelas verbas públicas. Essa expansão era financiada com generosos empréstimos estrangeiros, todos envolvendo polpudas comissões aos funcionários dos bancos públicos e privados, que no entanto eram aceitas como parte normal do jogo. Durante a ditadura, deu-se uma espécie de formalização da corrupção.

3. Corrupção na ditadura e na democracia

No período pós-ditadura militar, a corrupção, em vez de diminuir, alastrou-se significativamente, passando a incidir sobre todos os níveis da administração pública. Nos últimos anos da década de 1990, já era possível comprar votos de juízes e desembargadores e até decisões da Corte Suprema e de agências reguladoras como o Conselho Administrativo de Defesa Econômica (CADE)[16]. No Congresso brasileiro, uma importante Comissão Parlamentar de Inquérito sobre o narcotráfico concluiu em dezembro de 2000 que, entre 826 acusados de envolvimento com o crime organizado, havia dois ex-governadores, dois deputados federais, três deputados estaduais, três desembargadores e seis grandes bancos[17]. A lavagem de dinheiro do narcotráfico misturou-se à de dinheiro oriundo de várias outras práticas de

16. A própria Ordem dos Advogados do Brasil admitiu a existência de tráfico de influência na Justiça. Ver: "OAB quer punir tráfico de influência". *O Estado de S. Paulo*, 8 nov. 2000, p. A10.

17. A CPI do Narcotráfico, que atuou durante o ano de 2000, decidiu pelo indiciamento de cerca de 500 pessoas, incluindo policiais e deputados federais e estaduais. Ver: "CPI do Narcotráfico pedirá a prisão de 100 pessoas". *O Estado de S. Paulo*, 8 nov. 2000, p. C6. Ver também "CPI do Narcotráfico vota relatório". *Gazeta Mercantil*, 6 dez. 2000, p. A11 e *O Estado de S. Paulo*, 28 nov. 2000, p. C1.

corrupção, como caixas 2 de empresas e doações secretas a campanhas eleitorais[18].

Além do narcotráfico, outros mecanismos alimentaram a corrupção no período inicial pós-autoritário. Primeiro, o projeto de abertura "lenta, gradual e segura" – ou seja, sempre controlada de cima –, deflagrado a partir de 1975, valia-se da troca de votos de parlamentares por favores do Estado, em especial por concessões de rádio e TV[19]. Também para derrotar a militância do Partido dos Trabalhadores, surgido da luta contra a ditadura, que punha em risco a proposta de abertura "gradual e segura", o Congresso, ainda sob controle conservador, aprovou uma nova lei eleitoral para a campanha de 1994 que legalizou doações de empresas a campanhas políticas até o limite de 2% de sua receita bruta, ou 300 mil UFIRS (Unidades Fiscais de Referência), cerca de 300 mil dólares na época. Essa foi a grande porta aberta à corrupção político-eleitoral.

Em segundo lugar, a crise da dívida externa e a estagnação econômica iniciadas em 1982 forçaram empresas a corromper mais para disputar recursos públicos, que se tornaram subitamente muito escassos. Também funcionários públicos foram forçados a cobrar propinas para poder sustentar suas famílias.

Posteriormente, a falência fraudulenta de grandes bancos, entre os quais o Econômico e o Nacional, de grandes construtoras, entre as quais a Encol, e de supermagazines, como o Mappin, sem que seus autores fossem punidos, mostrou a fraude como método de acumulação de outros grandes grupos mercantis e não apenas de empreiteiras ou setores marginais. Sancionada pela impunidade dos grandes crimes financeiros, ou de "colarinho branco", especialmente a partir da administração Fernando Henrique Cardoso, ela mesma envolvida em alguns escândalos de grande porte[20], a corrupção foi incorporada à nossa

---

18. Em 1998, a estimativa foi de que a lavagem de dinheiro no Brasil somou 35 bilhões de dólares. Cf. JORDÃO, Rogério Pacheco. "Dinheiro sujo: política na nova mídia". In: http://www.observatóriodaimprensa.org.br

19. O general Figueiredo, durante sua presidência (1979-1985), concedeu 634 freqüências de rádio e TV a congressistas para garantir a derrota da emenda pelas eleições diretas. Seu sucessor, José Samey, distribuiu mais 1.028 freqüências para conseguir estender seu mandato em um ano. Ver: STADNIK, Célia. *Coronelismo eletrônico*. Porto Alegre, PUC/RS, mimeo, 1991.

20. Os principais foram o escândalo do desvio de verbas da construção do Fórum de São Paulo, no qual esteve envolvido o secretário do presidente; a compra de votos para aprovação da emenda da reeleição, na qual esteve envolvido um ministro; e as irregularidades na privatização do sistema Telebrás, também envolvendo ministros do governo.

matriz cultural, tornou-se diretriz de conduta cotidiana. Captada pela sensibilidade dos publicitários e usada como mote para propaganda de cigarros, a incorporação da desonestidade como conduta aceitável e até recomendável foi sintetizada na chamada "lei de Gérson", segundo a qual "tirar vantagem" é o que importa[21].

4. Corrupção e os valores do neoliberalismo

A Constituição de 1988, chamada "Constituição cidadã", aplicou golpes severos contra a corrupção, definindo rigorosamente o conceito da coisa pública[22] e ampliando os direitos do cidadão em várias esferas. Mas essa Constituição foi fruto de uma correlação de forças efêmera, logo suplantada pelo projeto neoliberal, que se pôs a desmontar muitos desses preceitos.

O projeto neoliberal implantou-se comprando votos no Congresso e vendendo grandes empresas públicas a consórcios formados na maioria das vezes por meio de acordos secretos que contaram com recursos dos bancos oficiais e de fundos de pensão, obtidos às vezes com apoio em suborno. O neoliberalismo consagrou a corrupção como padrão de negócios e da política. A própria ideologia neoliberal, fundada no individualismo exacerbado, em sua versão latino-americana, alimentou a corrupção.

Na versão original norte-americana, o liberalismo baseia-se na valoração da liberdade individual no campo político e na iniciativa privada, no campo econômico. Estabelece como condição para o exercício dessas liberdades que haja regras transparentes e iguais para todos. Na economia, dá-se o primado da competição, e, portanto, do *fair play*, oportunidades iguais para todos, sendo estritamente proibido o favoritismo. Essa ideologia em si mesma é uma produtora de desigualdades. Seu objetivo não é a igualdade ou a eqüidade, mas garantir a competição. Trata-se de uma ética para o individualismo,

---

21. Oriunda de uma propaganda de cigarros na qual o jogador Gérson mostra a grande vantagem de fumar aquela marca, do ponto de vista do preço.

22. O artigo 175 da Constituição determina que todo serviço público deve ser outorgado por meio de licitação pública e regido por contratos públicos. Posteriormente, foram aprovadas pelo Congresso as leis que obrigam a licitação de todas as compras públicas acima de determinado valor.

numa sociedade razoavelmente organizada em torno de valores comunitários.

Mas o capitalismo brasileiro, que nasceu escravocrata e mercantilista, manteve esses traços até hoje, como um código genético. O mercantilismo é a ideologia do regime de monopólios de comércio outorgados pela Coroa. Nesse regime, a competição é abolida por definição. Seu propósito maior é exatamente abolir a competição. Nesse regime, o comprador não é um parceiro de uma troca voluntária, em termos mutuamente acordados e proveitosos, e sim a vítima de uma transação imposta, em preços e em falta de opção.

O neoliberalismo, na versão usada para quebrar resistências ao avanço do capital norte-americano nas economias latino-americanas, não mexeu nas estruturas existentes; ao contrário, valeu-se dos mesmos grupos e das mesmas elites. Por isso, o neoliberalismo no Brasil resultou no mero abandono ou desqualificação dos valores solidariedade e eqüidade, que sobreviviam graças a culturas contra-hegemônicas, tanto populares, com raízes no cristianismo, como intelectuais, inspiradas no marxismo ou no positivismo.

A partir do final dos anos 1990, deu-se um processo de realinhamento dos grandes grupos editoriais brasileiros (Abril, Estado, Folha, Globo e RBS) em novas parcerias com grupos estrangeiros para alavancar investimentos pesados, necessários à formação de grandes conglomerados cruzados em indústrias de entretenimento, telefonia e televisão. Nesse realinhamento, passaram a depender ainda mais dos favores do Estado, não só na obtenção dos financiamentos oficiais, mas também na forma de regulação das privatizações e dos mercados novos de telefonia e TV a cabo[23]. Em jogo estavam algumas centenas de bilhões de dólares dos mercados financeiro e de telecomunicações, assim como o patrimônio de dezenas de bilhões das estatais do setor elétrico.

Os grandes empresários da comunicação aprofundaram suas formas de associação com grupos estrangeiros, identificando-se totalmente com o projeto neoliberal. No início da campanha de Fernando Henrique Cardoso por sua reeleição, os barões da imprensa, a chamado do presidente, com ele se reuniram em Brasília e fecharam totalmente com sua

23. Para um resumo desse realinhamento dos grandes grupos, ver KUCINSKI, B. "A mídia de FHC e o fim da razão". In: LESBAUPIN, Ivo. *O desmonte da Nação*. Petrópolis, Vozes, 1999.

candidatura[24]. Assim, a corrupção nas empresas jornalísticas voltou à dimensão institucionalizada e compartilhada de um grande projeto de classe, como nos tempos da ditadura.

5. Venalidade no ofício

O jornalismo brasileiro não poderia estar imune à cultura local da corrupção e à tradição mundial do jornalismo marrom. Nem os jornalistas como membros da elite intelectual e nem as empresas jornalísticas como unidades econômicas. Mas, devido ao processo de modernização que o transformou profundamente nesse mesmo período, o jornalismo tornou-se menos corrupto nas últimas três décadas do que era nos anos pré-ditadura militar.

A cooptação de jornalistas por políticos, mediante privilégios, chegou a ser institucionalizada na Constituição de 1946, que em seu artigo 206 isentava jornalistas do pagamento de imposto de renda[25]. Jornalistas também podiam comprar passagens aéreas pela metade do preço, entre outros mecanismos de corrupção. Muitos eram nomeados para cargos públicos por políticos amigos e acumulavam esses cargos com o trabalho jornalístico. As empresas eram predominantemente familiares, com o mandonismo e o favoritismo prevalecendo nas redações. Jornalistas recebiam regularmente gratificações de grandes empresas multinacionais, como a canadense Light & Power, que se orgulhava de seu controle sobre a imprensa. Seu presidente, o célebre major John MacCrimmon, "distribuía propinas a todos os jornais da época, até mesmo ao jornal do Partido Comunista, *A Manhã*. Os editorialistas mais influentes recebiam diretamente da empresa pagamentos destinados a torná-los dóceis diante das imoralidades que a beneficiavam"[26]. Até mesmo a crítica literária e teatral era corrupta[27].

---

24. Essa reunião, impensável numa democracia, foi reportada somente depois das eleições, por *Veja* (7/10/1998, p. 28-32).

25. E o artigo 27 das disposições transitórias também isentou jornalistas do pagamento de imposto de transmissão e de imposto predial sobre seu imóvel residencial durante 15 anos.

26. Cf. Depoimento de Samuel Wainer. *Boletim do Instituto Gutenberg*, São Paulo, jan.-fev. 1998, p. 32. Ver também, na mesma edição, o depoimento de Mario Horta.

27. Cf. MOURA, George. *A crítica teatral de Paulo Francis no* Diário Carioca. Dissertação de mestrado. São Paulo, ECA/USP. Moura mostra que Paulo Francis se tornou famoso justamente por não aceitar as regras da cooptação na crítica teatral.

A maior cadeia jornalística do pós-guerra, a de Assis Chateubriand, praticava o "jornalismo marrom", chantageando empresários, políticos e governantes[28]. Até os anos 1950, empresas jornalísticas podiam importar papel de imprensa com câmbio favorecido, mas dependiam da benevolência do Estado para conseguir os contratos de câmbio. O jornal *Última Hora* foi fundado por Samuel Wainer em 1951 com o objetivo deliberado de apoiar o governo de Getúlio Vargas, obtendo financiamentos do Banco do Brasil e de grupos privados, assim como contratos especiais de fornecimento de papel, estimulados por ordem do próprio presidente Vargas. Também Juscelino Kubitschek, então o governador de Minas Gerais, garantiu empréstimos a Samuel Wainer[29].

6. Profissionalismo e declínio da corrupção

Desde o final dos anos 1950, com a fundação da cadeia *Última Hora*, que aumentou substancialmente os salários de jornalistas, e o projeto de modernização do *Jornal do Brasil*, o jornalismo tornou-se mais bem remunerado e eticamente mais demarcado[30]. A partir dos anos 1960, dá-se o crescimento da Editora Abril, portadora de um padrão moderno de jornalismo, e, paralelamente, o declínio acelerado dos Diários Associados.

Com a regulamentação da profissão, em 1969, que tornava obrigatório o diploma de jornalismo para o exercício da profissão, o jornalismo tornou-se ainda mais profissional, menos marcado pelo favoritismo e, portanto, pela corrupção. Mas sobreviveram práticas institucionalizadas de cooptação dos jornalistas por políticos ou por setores empresariais. Jornalistas que cobriam o Congresso, por exemplo, podiam comprar apartamentos em Brasília com financiamentos altamente favorecidos[31]. Restaram práticas isoladas de corrupção, em setores

---

28. Cf. Morais, Fernando. *Chatô – O rei do Brasil*. São Paulo, Cia. das Letras, 1994.
29. Para detalhes sobre o financiamento de Vargas a Wainer ver: Dulles, John. W. F. *Carlos Lacerda, Brazilian Crusader*, v. 1, p. 121-123. Austin, University of Texas Press, 1991. Ver também Wainer, Samuel. *Minha razão de viver*. Rio de Janeiro, Record,1987, p. 131.
30. Mesmo o *Última Hora* só foi fundado com financiamentos favorecidos do Banco do Brasil por ordem direta de Getúlio Vargas.
31. Ver: "Troquei um apartamento por um furo". In: Bardawill, José Carlos. *O repórter e o poder*. São Paulo, Alegro, 1999, p. 81.

específicos, como no radiojornalismo e no jornalismo regional, devido ao uso das concessões de freqüências de rádio e TV para barganhas políticas no período de transição da ditadura para a democracia[32]. Mas, enquanto diminuía a incidência da corrupção no ofício do jornalista, as empresas jornalísticas, devido à crise econômica, tornavam-se ainda mais dependentes de uma certa complacência do Estado. Às vésperas de uma de suas duas desvalorizações sucessivas de 30% da moeda nacional, o ministro da Fazenda, Delfim Netto, alertou *O Estado de S. Paulo*. Muitas empresas jornalísticas estão ainda hoje na lista dos maiores devedores da Previdência Social. O Estado também exerce influência administrando cerca de 500 milhões de dólares em verbas publicitárias, sem contar as verbas estaduais e municipais.

7. Perda da demarcação ética do jornalismo

Na era das privatizações bilionárias, de reassociações com o capital estrangeiro e da ameaça constante de uma candidatura presidencial antagônica a esses projetos, a corrupção de jornalistas assumiu principalmente a forma de *merchandising*, ou propaganda camuflada em programas de entretenimento, voltada principalmente para as disputas eleitorais. O exemplo mais notável e mais conhecido foi o da organização de uma falsa ONG, chamada Brasil 2000, pelo presidente do BNDES, Luiz Carlos Mendonça de Barros, para pagar jornalistas que pudessem fazer *merchandising* das privatizações e, por tabela, da candidatura Fernando Henrique, que, ao contrário da de Lula, defendia as privatizações como questão-chave.

As doações para a ONG Brasil 2000 eram obtidas das empresas fornecedoras de equipamentos de telecomunicações. Foram distribuídos 160 mil reais a 59 radialistas e apresentadores de TV de 55 emissoras, espalhadas em 37 cidades. A famosa apresentadora de TV Hebe Camargo recebeu 10.350 reais. Ratinho recebeu 3.450 reais. Dois anos depois, o esquema foi repetido nas eleições municipais, quando Ratinho recebeu uma quantia grande, não especificada, para

32. Quase todas as 1.500 novas freqüências de rádio e TV autorizadas entre 1980 e 1990 foram concedidas pelos presidentes Figueiredo e Sarney a políticos e seus familiares e amigos em troca de votos favoráveis a seus projetos no Congresso nacional.

fazer *merchandising* da candidatura de Paulo Maluf à prefeitura de São Paulo[33].

Dois outros processos passaram a afetar a ética jornalística a partir dos anos 1990. Por um lado, o jornalismo começou a perder a demarcação ética que havia conquistado nos anos 1970 devido à criação de centenas de empresas de assessoria de imprensa formadas por jornalistas e à contratação de jornalistas pelo setor público como assessores de imprensa. Isso se deu sem que fossem separadas as duas profissões, criando-se uma promiscuidade de valores no interior do jornalismo que abriu caminho para uma nova modalidade de corrupção, mais ideológica e sutil. No eixo Rio–São Paulo, jornalistas conseguiam um segundo emprego em grandes empresas e bancos[34].

A própria democratização, durante e após a Constituinte de 1988, inaugurou um período de disputas por grupos de interesses no Congresso e junto à opinião pública em torno das novas regras e regulações que fez uso intenso de jornalistas como lobistas. Uma das formas mais sutis de cooptação dos jornalistas por setores empresariais é a instituição de "prêmios jornalísticos". Há o prêmio da Confederação Nacional dos Transportes (CNT) para as melhores reportagens sobre transportes, o prêmio das entidades do mercado de ouro para a melhor reportagem nacional sobre o ouro, e assim por diante[35]. Esses prêmios são fortes indutores da pauta jornalística e determinam a ocupação dos espaços a partir de interesses dos empresários.

Alguns sindicatos de jornalistas também se aproximaram mais das grandes empresas, buscando patrocínio para certos projetos[36]. Em São Paulo, ainda é hábito jornalistas sindicalizados comprarem carros diretamente das montadoras com 5% de desconto. O próprio sindicato recebe presentes de empresas, para distribuição a seus funcionários. E jornalistas importantes recebem regularmente, no final do ano, caixas

33. Para o episódio da ONG Brasil 2000, ver *Folha de S.Paulo*, 21 nov. 1998, p. 98, e *O Estado de S. Paulo*, 21 nov. 1998, p. A4. Para o episódio da campanha municipal de 2000, ver os jornais de novembro daquele ano.

34. Em 1994, o Sindicato dos Jornalistas de São Paulo lançou o seu primeiro *Guia das Assessorias de Imprensa*.

35. Chegam a duas dezenas os prêmios oferecidos à produção jornalística por setores empresariais.

36. Em Minas, o desconto dado pela FIAT a jornalistas filiados ao sindicato é de 10%. Ver, entre outros, o *Guia Brasileiro de Comunicação Empresarial*, publicado pelo Sindicato dos Jornalistas do Estado de São Paulo, ed. 1996.

de uísque e outros presentes, chamados na gíria profissional de "jabaculês".

Também em alguns almoços e coletivas, são distribuídos brindes, como lapiseiras e canetas. É uma pequena corrupção, que contribui, no entanto, para o ofuscamento dos preceitos éticos[37].

Ainda ocorre ocasionalmente a compra de matérias e capas de revistas por políticos e empresários, intermediada às vezes pelos próprios jornalistas. A revista *Carta Capital* chegou a propor aos empresários brasileiros, em dezembro de 1998, a edição de um suplemento especial, "uma singular oportunidade de transmitir uma mensagem de otimismo", que seria todo escrito pelos jornalistas da revista e pelo qual cada empresário pagaria 37.500 reais por quatro páginas editoriais e uma página dupla de anúncio[38].

Nos períodos eleitorais, a compra de matérias se torna mais intensa. Nesses momentos, pesquisas de opinião também são vendidas a quem pagar mais. Em três campanhas presidenciais pós-ditadura, as de 1989, 1994 e 1998, houve venda de capas e matérias especiais, por grandes somas, mas pode-se dizer que isso se deu na forma de alguns episódios isolados. A corrupção direta parece não ser sistêmica ou determinante nos grandes veículos de referência nacional[39].

Porém, o suborno direto de jornalistas ainda é muito presente nas cidades do interior. Mais grave do que a prática sistemática da corrupção em jornais do interior ou de capitais de estado é o silêncio sobre essa prática por parte dos sindicatos de jornalistas. Esse silêncio equivale à aceitação tácita da corrupção[40].

Nos grandes e pequenos jornais, o espaço das colunas sociais continua a ser um dos mais contaminados pela corrupção. Muitos colunistas lançam modas, constroem famas e destroem reputações, tudo por um

37. A corrupção no Sindicato dos Jornalistas em São Paulo acabou sendo fartamente documentada na imprensa convencional e na sindical, em 1994, porque foi usada como arma de uma disputa interna.

38. Mino Carta diz que essa proposta foi uma "calhordice" do setor comercial da revista e que nunca foi efetivada. Ver *Contraponto*, http://sites.netscape.net/contraponto.

39. Sobre a corrupção nos anos 1990, ver CONTI, Mário. *Notícias do Planalto*. São Paulo, Cia. das Letras, 1999.

40. Uma das raras ocasiões em que um sindicato denunciou essa prática deu-se em Londrina, quando o sindicato local denunciou o comprometedor silêncio da imprensa diante das denúncias de corrupção do prefeito Antonio Belinatti. Ver *Jornal da Casa*, Sindicato dos Jornalistas de Londrina, set. 2000, p. 11-14.

preço. Revistas especializadas em alta sociedade, como a *Foco*, publicada em Brasília, vendem até suas capas. Colunistas sociais famosos cobram de personalidades para publicar suas fotos em suas colunas. É especialmente estreita e promíscua a relação entre colunistas sociais e o mundo dos políticos. Durante a ditadura militar e o longo do período de transição que se seguiu, colunistas sociais freqüentemente faziam o jogo dos militares, difamando oposicionistas[41].

8. Corrupção como objeto da denúncia jornalística

O jornalismo brasileiro como ofício tem uma tradição de irreverência, crítica e denúncia dos desmandos do poder que vem desde os tempos das campanhas republicanas e antiescravagistas do século XIX. E viveu uma experiência importante na denúncia da corrupção da dimensão jornalística de um Watergate, mas muito anterior à derrubada de Nixon. Carlos Lacerda, o mais famoso jornalista brasileiro dos anos 1950, fez sua fama denunciando corrupção. Sua mais forte denúncia, contra a máquina de corrupção comandada por Gregório Fortunato, chefe da guarda pessoal de Getúlio Vargas, levou ao suicídio do presidente em agosto de 1954.

Em torno da pregação de Lacerda, criou-se a ideologia política conservadora que associava a corrupção ao populismo. Essa ideologia marcou o discurso do partido político conservador União Democrática Nacional e se constituiu na linha editorial do mais importante diário do país, *O Estado de S. Paulo*.

A denúncia da corrupção é também uma forma de compensar editorialmente o intenso governismo e a adesão acrítica da mídia aos ditames do capital internacional. Há uma aliança estratégica da mídia com os interesses estratégicos do grande capital, em temas como desestatização, abertura econômica, pagamento da dívida externa. Em compensação, uma exacerbação crítica no plano tático da denúncia da corrupção. Assim, a denúncia da corrupção sempre esteve presente no jorna-

41. O colunista social Alex, de Pernambuco, fez o jogo da ditadura difamando o deputado Fernando Lyra, que fora vítima de uma armadilha montada num motel pelo SNI (Serviço Nacional de Informações). Mais recentemente, Cláudio Humberto fez o mesmo jogo tentando difamar Lula em sua coluna. Ver o impressionante relato "Calúnias sociais", de Palmério Dória (*Caros Amigos*, São Paulo, dez. 2001, p. 36-38).

lismo brasileiro e chegou e determinar a linha editorial de alguns jornais em certos períodos, como foi o caso do *O Estado de S. Paulo*, nos anos 1950, e da *Folha de S.Paulo*, nos anos 1990. Surgiu no Brasil um tipo de jornalismo de denúncia, valendo-se inclusive de recursos extremos, como gravação de fitas e escutas telefônicas. Foi assim que a *Folha de S.Paulo* descobriu a compra de votos para garantir a aprovação da emenda constitucional que permitiu a reeleição do presidente Fernando Henrique Cardoso em 1998.

O apogeu do jornalismo investigativo foi alcançado em 1992, quando mais uma vez um presidente foi deposto devido a acusações de corrupção feitas pela imprensa. O esquema de corrupção do assessor de Fernando Collor de Mello, PC Farias, foi exposto por um intenso esforço de reportagem de duas revistas semanais, *Veja* e *Isto É*. Esse exercício se repetiu depois com a CPI do Orçamento. O caso Collor de Mello é significativo porque foi conduzido pela imprensa segundo o modelo de jornalismo investigativo inaugurado pela campanha de Lacerda contra Getúlio e repetido em Watergate[42].

O papel dos jornalistas na derrubada de Collor de Mello marcou profundamente o moderno jornalismo brasileiro e só não se repetiu de modo igualmente dramático, quando foram descobertas em 2000 as ligações telefônicas entre o secretário do presidente, Eduardo Jorge, e o juiz Nicolau dos Santos Neto, que desviou cerca de 160 milhões de reais da construção do Fórum Trabalhista de São Paulo, porque os barões da mídia continuaram fechados com Fernando Henrique. Não se repetiu a competição positiva pela verdade entre dois veículos, como em Watergate e no Collorgate. A *Folha de S.Paulo* insistiu sozinha na investigação, mas, isolada, teve que recuar para uma posição defensiva. A impunidade de altas figuras do governo FHC, acusadas de corrupção ou prevaricação, e o encobrimento das relações perigosas entre o palácio do governo, Nicolau dos Santos Neto e os donos da Incal permanecem no inconsciente coletivo dos jornalistas como a grande obra inconclusa.

42. Há muitos livros sobre o Collorgate. Ver, entre outros: JOSÉ, Emiliano. *Imprensa e poder: ligações perigosas*. Salvador/São Paulo, Ed. UFBA/Hucitec, 1996.

9. O denuncismo como gênero jornalístico

Uma das modalidades de denúncia da corrupção é a publicação de dossiês. Essa prática se tornou dominante a partir do segundo mandato do governo FHC, tendo sido publicados regularmente dossiês acusatórios, principalmente pelas revistas semanais. Os dossiês são recebidos por jornalistas prontos e acabados, ora de grupos políticos, ora de procuradores e até mesmo da polícia. Seria o jornalismo de dossiê um novo gênero jornalístico ou mera modalidade do jornalismo investigativo? Os casos mais importantes de jornalismo de dossiê indicam que se trata de um novo gênero de jornalismo. Ele se confunde com o jornalismo investigativo porque seu conteúdo é quase sempre uma investigação obtida com considerável investimento de tempo e recursos, e seu efeito é igualmente dramático.

Mas, no jornalismo dos dossiês, a investigação não é feita pelo jornalista, nem segundo critérios jornalísticos. É feita, em geral, pela polícia, por procuradores ou outras agências do aparelho de Estado, e até por escuta clandestina de telefones. O material, na forma de um conjunto de documentos, extratos bancários ou transcrições, é entregue a ele praticamente como um pacote fechado e assim é publicado, com uma ou outra corroboração de menor importância e que não altera o conteúdo original do dossiê.

Assim foi com o dossiê Cayman, contra a cúpula do PSDB, o mais famoso desse gênero, divulgado pela *Folha de S.Paulo* durante a campanha de 1998, e assim é com o dossiê contra Zeca do PT, divulgado pelo mesmo jornal na campanha seguinte, de 2002[43].

Portanto, uma característica que demarca o jornalismo de dossiê como gênero é que ele não é uma investigação jornalística autônoma, apesar de se apresentar como tal e com isso portar a legitimidade do jornalismo. Se foi feita uma investigação jornalística substancial, mesmo tendo como ponto de partida um dossiê, é jornalismo investigativo. Se não foi, como no caso das denúncias contra Zeca do PT, ou se as

43. A *Folha* dedicou uma página inteira de sua edição do primeiro domingo de setembro de 2002 (dia 1º) a um dossiê preparado por um grupo de procuradores de Mato Grosso do Sul acusando o governador daquele estado "Zeca do PT e integrantes do núcleo de poder no estado de ligação com uma quadrilha de policiais especializada em roubo e receptação de veículos".

denúncias do dossiê original foram mantidas, mesmo não tendo sido provadas pela investigação jornalística, como no caso do dossiê Cayman, é jornalismo de dossiê.

10. O jornalismo de dossiê como notícia

O jornalismo de dossiê não é a notícia de um fato novo. É a criação de um fato novo. Seu conteúdo é um inventário de fatos acontecidos ou supostamente acontecidos no passado, às vezes desconhecidos, como no caso do dossiê Cayman, ou até já conhecidos e reportados como notícia do dia em seu devido tempo, como no caso do dossiê contra Zeca do PT. Os fatos narrados no dossiê contra Zeca do PT, em especial a investigação criminal e o processo contra os policiais integrantes do Departamento de Operações da Fronteira (DOF), já tinham ocorrido havia mais de um ano e haviam sido devidamente narrados pela imprensa.

O dossiê já havia sido entregue pelo grupo de procuradores a autoridades em Brasília meses antes. O jornalismo de dossiê não tem o atributo fundamental da novidade, essencial na definição da matéria jornalística. Por que então eu o chamo de jornalismo? Porque é uma manifestação que se dá no espaço do jornalismo.

O jornalismo de dossiê é uma modalidade de denuncismo, postura moralista da mídia que vem marcando a imprensa brasileira desde o início do segundo mandato do governo FHC. O jornalismo de dossiês se distingue no âmbito do denuncismo porque sempre está vinculado a disputas político-eleitorais. O dossiê é produzido para influir na disputa. Em alguns casos, chega a ser vendido a diferentes candidatos, como mercadoria para ser transformada em arma na guerra eleitoral.

O dossiê é próprio de uma situação de fratura do bloco de poder, na qual as diferentes facções, justamente por ter controlado partes do aparelho de Estado, tinham informações privilegiadas que agora usam para se combater reciprocamente. Os dossiês vazados à imprensa na luta entre Jader Barbalho e Antonio Carlos Magalhães são típicos dessa configuração.

E mais: o resíduo de vínculos permanentes entre partes do aparelho de Estado, especialmente grupos de procuradores e de policiais, e facções políticas permite que haja uma articulação entre o desencadeamento de novas operações, com o objetivo único de produzir novos dossiês. Foi o caso dos procuradores de Mato Grosso do Sul contra Zeca do PT e o da operação policial contra Roseana Sarney, na campanha eleitoral de 2002, que destruiu de um dia para o outro sua candidatura.

Ambas as operações revelaram também que o jornalismo de dossiês é uma articulação entre esse sistema de luta política e a mídia. Ele não existe sem a participação da mídia. No caso da operação contra Roseana, a revista *Época* não poderia publicar a reportagem de impacto que levou a público logo no dia seguinte se já não tivesse o dossiê em mãos quando a operação foi desencadeada.

Outra característica central do jornalismo de dossiês é a de transformar uma pauta jornalística, que deveria ser investigada para ser corroborada ou não, na própria matéria final. Invariavelmente, a narrativa parte da presunção da culpa, violando o direito constitucional da presunção da inocência até prova em contrário. A narrativa transforma suspeitas em ilações, e as ilações em culpa do acusado, sem que essa culpa precise jamais ser provada. Em geral, como é o caso também desta matéria da *Folha*, não há acusação formal de nenhum delito capitulado em lei, porque esse delito não existe. É uma culpa sem delito[44].

Uma das mais paradoxais características do jornalismo dos dossiês é que ele sempre revela sua própria inconsistência. Isso porque, para nos convencer da suposta culpa da vítima do dossiê, o jornalista conta casos verdadeiros, escabrosos, que vão se misturando às ilações. Assim, no dossiê contra Zeca do PT, para demonstrar a periculosidade da quadrilha de ladrões de carros, a reportagem revelava que 29 deles, dos quais 19 eram lotados no DOF, haviam sido condenados em primeira instância a penas severas. O coronel Garcia, por exemplo, pegara 24 anos de cadeia. Um major, Marmo Arruda, 20 anos. Fora "a maior

44. Zeca do PT foi "acusado" pela *Folha* de ter citado uma testemunha, num processo posterior, suspeita de ligações com uma quadrilha. Citar alguém como testemunha não é crime. A segunda acusação foi de que o Departamento de Operações de Fronteira (DOF), ao qual estava ligada a maioria dos membros da quadrilha de ladrões de carros, era subordinado ao governador. Isso também não é crime, é do organograma da administração estadual, e assim já era antes de Zeca do PT se eleger governador. A terceira "acusação" é a de Zeca ter se defendido em declarações à imprensa pelo fato de ter nomeado o coronel Sebastião Garcia comandante do DOF, sem saber que ele havia respondido a processo por agiotagem. Isso também não é crime. Em resumo, a *Folha* procurou ligar Zeca do PT a pessoas de comportamento eticamente condenável, e isso é difamação.

condenação de policiais em um só processo na história do Mato Grosso do Sul", dizia a *Folha*.

Ora, a quadrilha foi investigada, julgada e condenada e, no entanto, no decorrer do processo, nenhuma acusação apareceu contra Zeca do PT. Essa é a verdade dos fatos, que o jornalismo dos dossiês não consegue esconder. Em vez de estigmatizado pelo jornalista, Zeca do PT tinha mais é que ser elogiado por se manter limpo, apesar de herdar uma máquina estatal corrompida e infiltrada pelo crime organizado, boa parte dela, felizmente, expurgada durante sua administração.

11. A impunidade e o jornalismo de dossiês como modalidade de justiça sumária

O objetivo do jornalismo de dossiês não é verificar a veracidade de eventuais acusações para levar o acusado aos tribunais, e sim o de linchar a vítima no espaço público da mídia. Não havendo julgamento formal, o acusado não precisa se dar ao trabalho de se defender e nem de recorrer a advogados. Por isso, o jornalismo de dossiê também não se preocupa em "ouvir o outro lado", como manda o manual de redação do próprio jornal. No jornalismo de dossiê, a vítima é ouvida apenas *pro forma*, em nada modificando o que já está montado. No dossiê da *Folha* contra Zeca do PT, o teor da reportagem foi levado aos acusados na tarde da quinta, para uma edição que fecharia dois dias depois.

O jornalismo dos dossiês é, assim, uma modalidade de justiça sumária ministrada diretamente pela imprensa, segundo seus próprios ritos. A imprensa define quais são os crimes – que, como vimos, não são necessariamente os capitulados em lei – e qual a punição: quase sempre a difamação da vítima, a destruição de sua imagem.

Bibliografia

ALTSCHULL, J. Herbert. *Agents of Power*. New York, Longman, 1984.

BARDAWILL, José Carlos. *O repórter e o poder*. São Paulo, Alegro, 1999.

CARTA, Mino. *O castelo de âmbar*. São Paulo, Record, 2000.

CARVALHOSA, Modesto. *O livro negro da corrupção*. São Paulo, Paz e Terra, 1995.

CONTI, Mário. *Notícias do Planalto*. São Paulo, Cia. das Letras, 1999.

MORAIS, Fernando. *Chatô – O rei do Brasil*. São Paulo, Cia. das Letras, 1994.

MOURA, George. *A crítica teatral de Paulo Francis no* Diário Carioca (1957/1963). Dissertação de mestrado. São Paulo, ECA/USP, 1994.

SWANBERG, W. *Citizen Hearst*. New York, Bantam Books, 1961.

II
A práxis

A revolução antiindustrial da internet

Texto inédito de palestra proferida na
Conferência de Comunicação da Pastoral da Comunicação
da Conferência Nacional dos Bispos do Brasil (CNBB),
Belém do Pará, maio de 2002.

1. Uma revolução para muito além nas comunicações

A internet é o espaço paradoxal em que melhor se manifesta a fragmentação ética e o individualismo de nosso tempo, ao mesmo tempo que é uma nova e poderosa ferramenta dos libertários, dos que não se resignaram ao triunfo do neoliberalismo. Do ponto de vista tecnológico, é um erro considerar a revolução da microeletrônica um mero desdobramento da revolução industrial que criou a máquina no século XVIII. As novas tecnologias levam a organização da produção a uma direção oposta à da revolução industrial. É como se fosse uma contra-revolução industrial. Grupos amplos de trabalhadores, em especial os intelectuais, recuperaram uma autonomia relativa que havia sido destruída impiedosamente pelo capital intensivo da revolução industrial do século XVIII. Esse é o maior significado da atual revolução tecnológica. Ela é barata, anticoncentradora e libertária. E tem alcances quase infinitos. Certamente alguns traços essenciais da ideologia neoliberal, como a flexibilização nas relações trabalhistas, o culto ao indivíduo-empresário e a desregulação, têm uma sólida base nas novas tecnologias.

A internet é a mais importante inovação derivada dessas novas tecnologias no campo das comunicações. Dizer que a internet e o computador criaram uma nova forma de exclusão, a "exclusão digital", é como dizer que, ao inventar a impressão com tipos móveis, Gutenberg criou o analfabeto[1]. Na internet e no seu instrumento de trabalho, o computador, combinam-se os recursos quase infinitos da informática e da microeletrônica e o principio da *digitalização*, que permite transformar todos os sinais gráficos e sonoros em sinais digitais básicos que, por sua vez, podem ser processados, combinados, manipulados, transmitidos e gravados nas mais diversas formas. A nova mídia sintetiza todas as anteriores, na forma de uma *multimídia*.

Nesse novo universo tecnológico, concebido desde quando foi criado o computador e, a partir dele, ainda nos anos 1980, a *world wide web*, para ser imune a qualquer forma de censura, controle ou limitação, foram também rompidas as barreiras mecânicas e quantitativas à composição e à transmissão da escrita ou da imagem[2]. A composição se torna um jogo de infinitas opções, no qual tudo é flexível, transformável e reciclável, tudo é matéria-prima para novos jogos de composição. O escrever ou editar tornou-se um exercício lúdico.

É enorme, quase sem limites, a quantidade de informações que podem ser processadas. Ao mesmo tempo, a combinação da digitalização com os satélites de comunicação e a telefonia celular permite que cada homem, em qualquer parte do planeta, esteja acoplado a uma rede mundial de comunicações públicas e pessoais. É a maior

1. Tese defendida, entre outros, por Sérgio Amadeu da Silveira, em *Exclusão digital – A miséria na era da informação* (São Paulo, Editora Fundação Perseu Abramo, 2001), e por Laymert Garcia dos Santos em "A informação após a virada cibernética", texto publicado no livro *Revolução tecnológica, internet e socialismo* (São Paulo, Editora Fundação Perseu Abramo, 2003).

2. A www foi criada por uma equipe de físicos do Laboratório Europeu de Física de Partículas (CERN) para o diálogo entre cientistas de lugares diferentes. Permite conectar e acessar, por meio de hipertextos e *links*, arquivos de dados digitalizados e armazenados em computadores localizados em qualquer parte do planeta. Posteriormente, o governo americano adotou a *web* como o sistema de comunicação mais difícil de ser destruído numa guerra.

revolução nas comunicações desde a invenção de Gutenberg. Não admira que a internet tenha reaberto uma nova era de encantamento do ser humano com a comunicação e com a arte de escrever. Por isso tornou-se emblemática desta era que alguns sociólogos, como Pierre Lévy e Manuel Castells, chamam de *sociedade da informação* ou *sociedade da comunicação*.

2. A funcionalidade múltipla da internet

A rede mundial da internet (*world wide web*) exerce e combina quatro funções principais relativamente distintas: a função de *transmissão de dados*, ampliando o leque de instrumentos de meios de transmissão que compreende também o telefone, o telégrafo e o fax; a de *mídia*, a mais nova depois da invenção da TV nos anos 1950; a de *ferramenta de trabalho*, que permite acessar bancos de dados, fazer entrevistas, ler jornais e publicações de todo o mundo e trabalhar com base nesse material; a de *memória* de toda produção intelectual, artística e científica, na forma de arquivos digitalizados, acessíveis de qualquer parte do mundo. Além disso, exerce funções acessórias importantes no campo político, como articuladora de movimentos sociais. Examinemos rapidamente as características das quatro funções principais na esfera da comunicação.

3. A internet como meio revolucionário de transmissão

Como de meio de transmissão, dizer que a internet inventou o *tempo real*[3] serve mais para confundir do que para explicar. De fato, a internet muda os conceitos de tempo e espaço, mas o tempo da transmissão de um dado isolado pela www é o mesmo de todas as transmissões eletrônicas, o mesmo do telégrafo e do telefone, que tem como base e limite a velocidade da luz. A www como meio de transmissão é também um novo tipo de agência de notícias. Como tal, rompe a verticalidade e a concentração das agências tradicionais e alimenta não apenas jornais a

3. *Tempo real* é claramente um conceito-fetiche, conforme o tratamento de Umberto Eco que discutimos no ensaio seguinte.

partir de escritórios centrais, mas liga também ONGs, produtores intelectuais independentes e movimentos políticos e sociais.

O que muda no tempo da internet – daí a expressão tempo real – é a quantidade de informações que pode ser transmitida num determinado tempo. Na internet não há limites para essa quantidade. Se uma pequena mensagem pode ser transmitida por telégrafo e pela www quase na mesma velocidade, o mesmo não acontece com uma reportagem jornalística de cinco laudas, ou com os originais de um livro de 200 páginas. A reportagem levaria meia hora para ser transmitida pelo telégrafo e o livro, talvez uma semana. Na internet, tudo isso é despachado em segundos ou no máximo em minutos.

Em segundo lugar, pela internet podem ser transmitidos todos os tipos de informações, não apenas gráficas, mas também algébricas, numéricas, sonoras, imagéticas, tudo num mesmo suporte operacional. O acesso ao sistema também é irrestrito, tanto pelo emissor como pelo receptor. Não depende do poder de compra da pessoa, dado o baixíssimo custo dessa tecnologia, que pode ser instalada na casa de cada um. E graças ao baixo custo operacional, a mensagem, seja qual for seu tamanho, pode ser enviada a um número quase infinito de receptores.

4. A internet como ferramenta de trabalho e memória de uma nova era

Com a internet, cada trabalhador intelectual, esteja onde estiver, tem acesso aos bancos de dados de todo o mundo, além de a jornais e revistas, que cada vez mais produzem também uma versão para a internet. É possível pesquisar por cronologia, por tema, por nome, por área de conhecimento com uma facilidade nunca antes obtida por nenhum outro sistema de pesquisa. Esse modo de pesquisar textos, publicações, relatórios e bancos de dados tende a se tornar dominante, já que todos os documentos e publicações, de alguns anos para cá, são automaticamente colocados na www. Acervos antigos também estão sendo digitalizados, como o objetivo de torná-los disponíveis pela www.

Está se formando no mundo uma gigantesca *biblioteca virtual*. Já é corriqueiro o acesso a enciclopédias virtuais, cujos verbetes são continuamente atualizados. A facilidade de atualização contínua torna os bancos de dados virtuais especialmente apropriados para manter acervos cujos conteúdos mudam com muita freqüência, como são os acórdãos da Justiça e as leis em geral.

À medida que o conceito de direito autoral se romper ainda mais e todo novo livro for disponibilizado na www, o que é inevitável, as bibliotecas convencionais serão apenas os depósitos de referência de novos livros e de acervos impossíveis de ser digitalizados. Isso já ocorre no universo das revistas acadêmicas e científicas.

A internet permite ainda que sejam entrevistados com facilidade e precisão técnicos e personalidades em qualquer parte do mundo. Permite que facilmente sejam efetuados cálculos, gráficos e tabelas diretamente a partir do material pesquisado. Essa facilidade deu origem a um novo gênero de matéria jornalística, o *infográfico*, que tenta classificar e simplificar o conhecimento por meio visual. Finalmente, permite que o trabalhador intelectual corrija, edite, ilustre, formate e até imprima seu próprio material. É uma revolução e uma mágica.

Os jovens podem achar toda essa descrição do potencial e dos atributos da internet fruto de um deslumbramento acrítico ou uma forma de culto à tecnologia. Mas para nós, intelectuais e jornalistas dos anos 1950, que catávamos milho em máquinas de escrever mecânicas e enfrentávamos uma hora de engarrafamentos cada vez que tínhamos que despachar uma matéria pelo telex da Embratel, a internet é a oitava maravilha do mundo. E o que dizer então do fotógrafo, que precisava contratar um *courier* para levar seu filme a um aeroporto, de onde ele seria despachado a outro aeroporto, de onde tinha que ser retirado para ser revelado em laboratório, depois tiradas as cópias, selecionados os negativos e novamente fotografados para produzir o fotolito? Hoje não são necessários *couriers*, revelação e nem negativos. A foto chega direto à tela do editor, que na tela mesmo seleciona, edita e remete para a oficina, tudo na forma de sinais digitais.

5. A internet como mídia e espaço de socialização

Na rede da internet dá-se o diálogo entre os que nunca se conheceriam. A nova mídia é também o espaço de um novo tipo de socialização com alcance gigantesco. Nesse espaço, as respostas são rápidas e diretas, a interlocução é total. Por isso, ela define um novo tipo de espaço de diálogo e interação absolutamente original, com as características ontológicas de um novo espaço público[4]. O novo "cidadão digital" é um ser engajado. Pode ser de esquerda ou de extrema direita, mas é um engajado. Pode ser de elite e predominantemente tolerante e cívico no Brasil, pode ser em parte raivoso e agressivo em outros países[5]. Na articulação das ONGs e dos movimentos sociais, a internet tem tido papel decisivo, recuperando com grande vantagem o antigo papel atribuído por Lenin à imprensa como "organizadora do movimento operário". Na era da globalização, a internet se tornou a organizadora de uma cidadania mundial, como expressa o Fórum Social Mundial. Este certamente não teria existido sem a internet. Ela também deu viabilidade técnica ao exercício da democracia direta e acesso direto do cidadão aos serviços do Estado. Definiu-se mesmo, em função dessas novas tecnologias, um novo tipo de organização do Estado, chamado "sociedade da informação", no qual o Estado adota políticas ativas de transparência e estímulo ao diálogo[6].

Como mídia, ou meio de comunicação social, a internet se apresenta em várias formas: *blogs* pessoais, *sites* e *portais*, que são amplos espaços com grande número de conteúdos e informações, inclusive publicidade e programas de venda direta; *boletins*, que são pequenos jornais ou *newsletters* em forma exclusivamente eletrônica, que não existiriam se não fosse a internet; *jornais* e *revistas on line*, que são versões às vezes resumidas ou seletivas de publicações que já existiam e continuam a existir em forma impressa; e, finalmente, os *e-mails*, uma modalidade de correio ou comunicação interpessoal, mas que na internet assume caráter também de comunicação socializada. Em todas essas formas, há uma superação dialética entre o público e o privado.

---

4. Cf. BRITTO, Rovilson Robbi. *O ciberespaço e a recuperação dialógica*. Trabalho de conclusão de curso, ECA/USP, 2002.

5. Ver "Cidadão digital", *Gazeta Mercantil*, São Paulo, 4 abr.1998. Nos Estados Unidos, o ciberespaço também é um espaço de articulação de grupos fascistas e terroristas. Cf. ONIAS, Rodrigo. *As redes do extremismo*. Trabalho de conclusão de curso, ECA/USP, 1998.

6. Ver OCDE. "Consultation and Communication: Integrating Multiple Interests into Policy". *Public Management Ocasional Papers*, nº 17.

6. O jornalismo *on line*

O chamado *jornalismo on line* é também um conceito-fetiche, porque não explica o que mudou ou não na prática jornalística em função da internet. Esse jornalismo não se distingue do serviço tradicional de agências de notícias sob o aspecto da atualidade da informação, mas definiu-se um novo ritmo de abastecimento de notícias, no qual os fatos vão sendo narrados continuamente, em textos curtos e pouco acabados, à medida que vão acontecendo, e não depois que aconteceram. Esse jornalismo *on line* funciona como uma agência de notícias provisória, que pauta os outros meios de comunicação, ao mesmo tempo que funciona como leitura final para o usuário da internet.

Apesar de já atrair um pouco mais 3% da receita publicitária mundial e uma proporção ainda maior nos espaços destinados a consumidores de renda mais alta, as tentativas de criação de superportais da internet e superprovedores fracassaram, e ainda não está claro o lugar que a nova mídia internet ocupará no conjunto dos meios de comunicação. Também não está claro, ainda, como os meios de comunicação tradicionais se acomodarão com a chegada do novo intruso, menos de 40 anos depois da chegada da TV. Depois de um período de euforia, vários portais quebraram, expondo suas dificuldades de viabilização econômica. O problema central é a quase total gratuidade do acesso, fazendo que a publicidade seja sua principal fonte de receita. Mas o mesmo se dá com a TV, que, no entanto, tem em geral altíssimo retorno econômico. Aos poucos, a mídia internet desenvolverá os mecanismos de sua viabilidade econômica.

7. Uma nova linguagem e uma nova maneira de organizar

As várias formas de mídia da internet têm em comum os textos curtos para uma leitura rápida. Mas permitem também a leitura comparativa e o acesso a textos grandes, e mesmo gigantescos. Na internet, e somente na internet, é possível ler imediatamente o que jornais de quaisquer partes do mundo estão escrevendo sobre um determinado assunto. Na internet, o ato de escrever ganhou um componente lúdico, o que o fez mais prazeroso. Surgiram formas narrativas novas, chamadas *hiper-*

textos, nas quais predominam os núcleos de enunciados (clarões), que se vinculam a outros núcleos, localizados em textos outros, que podem ser acessados por meio de *links*. Esse tipo de narrativa, ainda em fase de desenvolvimento, se assemelha, segundo Pierre Lévy, à forma de percepção do ser humano baseada na associação ou identificação de imagens com significações já armazenadas em nossa mente.

A internet é uma mídia mais interativa do que jornais ou TV e dotada de alguns recursos específicos para o exercício da interatividade, como o *chat*. Por isso, também na administração pública, na organização da sociedade civil e no exercício da cidadania, a internet é uma revolução e uma mágica. Ela viabiliza, por exemplo, o exercício da democracia direta, mesmo em sociedades de massa, ou pelo menos da expressão plebiscitária sobre temas controversos. É uma mídia muito adequada à comunicação interna em grandes organizações, à comunicação entre profissionais, como advogados, e sistemas legais ou oficiais, à comunicação alternativa de grupos de ativistas e ONGs, e à prática da *cidadania digital*, pela qual o cidadão cumpre suas obrigações ou exerce seus direitos diretamente por intermédio da internet, acessando portais de autoridades e serviços públicos, antes fechados em sistemas burocráticos de difícil abordagem.

8. A essência libertária da nova revolução comunicativa

A atual revolução tecnológica tem traços econômicos essenciais: barateia a produção, devolve autonomia ao produtor e fragmenta o espaço midiático, e tudo isso em grande intensidade.

Depois de cinco séculos de contínua concentração de capital na indústria da comunicação, a revolução da informática e da microeletrônica, graças principalmente ao seu baixíssimo custo e às facilidades de produção e comunicação, abriu um novo caminho que devolve ao trabalhador intelectual sua autonomia como produtor. Esse é o grande significado social e econômico da internet, a mídia em que essa autonomia se realiza plenamente.

Gutenberg decretou a morte do copista, que, sozinho com sua pena e sua paciência, reproduzia textos para que alguns eleitos pudessem ler na reclusão dos conventos ou nos castelos das elites. Com

Gutenberg, a imprensa se torna capitalista: a notícia é vendida como mercadoria, primeiro para uma nova classe de burgueses comerciantes e depois para a massa de pessoas comuns, produzida por uma indústria cada vez mais intensiva em capital, com tiragens crescentes, que vão chegar a milhões de exemplares por dia, vendidos a preço unitário baixíssimo. Essa é a indústria que, com rotativas poderosas de custo alto de capital, vai alijar e destruir os pequenos pelo preço e formar as grandes cadeias de jornais do começo do século passado.

Com a invenção do papel-jornal e das grandes rotativas de fins do século XIX, a produção dos jornais tornou-se uma indústria intensiva em capital. Passou a se concentrar em torno de uma máquina, de uma fonte de força mecânica e suas correias de transmissão. A sede da grande empresa de comunicação – em geral na periferia da cidade e não mais em seu centro, como era na fase inicial, ainda romântica, da comunicação burguesa – é o equivalente da fábrica, o campo de concentração do trabalhador no capitalismo industrial intensivo em capital. A redação tornou-se parte de uma grande fábrica, com as máquinas e os laboratórios na base e os escritórios subindo por torres altas, cada andar produzindo um tipo de revista ou jornal. Assim são as sedes da Abril, da Globo, do Estadão, dos grandes grupos intensivos em capital da comunicação, cercadas por guardas e guaritas, e nas quais só entra quem tem crachá.

A internet acaba com tudo isso. Ou quase tudo. Com a informática e a internet, abre-se uma nova era. É celebrada a terceirização no jornalismo, forma discreta de decretar a morte da fábrica de notícias que é a grande redação. Os grandes jornalistas passam a trabalhar em suas casas, e qualquer um pode produzir seu jornal, seu boletim, sua revista. Pode tirar um número pequeno de cópias impressas deles ou disseminá-los pela www. Pode produzir para as mais diversas publicações a partir de sua casa. É a comunicação libertária. Nesse sentido, a internet pode ser o começo de toda uma nova era do capitalismo, que se caracteriza, como já se nota em outras áreas, pela fragmentação e pela autonomia do indivíduo.

Ao contrário das teses que denunciam a internet como um novo mecanismo de exclusão, considero-a um mecanismo de libertação, uma reviravolta nos caminhos até então seguidos pelo capitalismo e uma nova demonstração de que no capitalismo tudo o que é sólido se desmancha no ar. Mesmo tendo sua rede de provedores construída em torno de interesses econômicos dominantes, a internet, "por sua arquitetura e existência, enfraquece o controle dos aparatos de Estado", disse Castells[7].

A internet é hoje uma das maiores ameaças ao capitalismo concentrador na esfera da comunicação. Basta ver as ferramentas que dá ao indivíduo para copiar livros e canções sem pagar direitos autorais aos detentores de patentes e direitos. Basta ver a autonomia que ela dá ao pequeno produtor, ao jornalista ou à ONG para produzir seu próprio boletim, sem ter que se submeter aos ditames dos donos dos meios de produção. Na internet, o trabalhador intelectual é o dono de seu meio de produção. O próprio caráter global desse espaço dificulta tentativas eventuais de submetê-lo a um controle ideológico. O espaço da internet é extraterritorial.

9. Concentração e fragmentação na sociedade da informação

Ao mesmo tempo que o produtor intelectual ganha condições de autonomia em relação ao capital, e por causa disso, o capital reage procurando novas formas de concentração da produção que compensem a perda de controle sobre o produtor. Na sociedade da informação, formam-se grandes conglomerados de comunicação, num processo gigantesco de megafusões comandado por capitais financeiros cada vez mais autônomos e extraterritoriais. A mesma revolução tecnológica que devolve autonomia ao indivíduo produtor intelectual permite a formação de redes mundiais de TV a custo igualmente baixo. A mesma tecnologia que permite a cada indivíduo produzir sem se subordinar ao capital permite ao grande capital dominar de modo monopolista ou oligopolista grandes mercados, uniformizando produtos e formatos. O fenômeno da formação de grandes conglomerados cruzados de comunicação, de grandes portais de internet, das redes via satélite e de grandes provedores indica uma nova etapa de concentração na comunicação.

---

7. In: "CASTELLS adverte que a vida em rede dá força à elite". *O Estado de S. Paulo*, São Paulo, 22 fev. 1999, p. D8.

Mas o fracasso econômico dos grandes portais da internet sugere que a concentração do mercado não é a força condutora da atual revolução tecnológica. A microeletrônica e a digitalização são sua força condutora, com seu potencial de fragmentação e barateamento espetacular dos custos. A concentração é reativa, uma tentativa dos capitalistas da comunicação de manter a condição de mercadoria para valores de uso que podem ser reproduzidos fora do circuito mercantil-capitalista, de manter algum grau de controle do mercado em face do caráter essencialmente fragmentário e anticoncentrador da nova revolução. Passaram a comprar todos os canais de divulgação e comercialização na tentativa inútil de controlar um mercado naturalmente fragmentado na produção.

Assim também são as tentativas inúteis da indústria fonográfica de impedir que se copiem músicas pela internet. Os fundamentos mercantis da indústria de reprodução sonora foram paradoxalmente abalados pelas mesmas novas tecnologias que fizeram essa indústria avançar a passos gigantescos. Hoje, qualquer um de nós pode produzir seu CD, a seu gosto, com alta qualidade sonora, a um custo de meia dúzia de reais. A devolução da autonomia ao produtor, a fragmentação das mídias e a destruição de possibilidades de censura[8] ou controle da informação são a essência da revolução atual.

10. Os problemas éticos da internet e a falácia da exclusão digital

No plano ético, a internet cria novos dilemas além dos já existentes no jornalismo, principalmente porque derrubou a demarcação entre comunicação pessoal e coletiva e, portanto, entre os conceitos de público e privado; derrubou a demarcação entre meio de informação e mercado, já que num *site* você se informa sobre uma mercadoria e, ao mesmo tempo, efetiva a transação comercial; derrubou a demarcação entre as várias linguagens da comunicação, assim como entre os vários supor-

8. Depois do ataque terrorista ao World Trade Center em setembro de 2001, o governo norte-americano investiu pesadamente no desenvolvimento de uma tecnologia capaz de censurar a internet a partir do controle dos provedores, sem resultados satisfatórios até o momento. Ver *Folha de S.Paulo*, São Paulo, 22 jan. 2003, p. F3. Nesse tempo, reforçou-se a vocação da internet de veicular informações censuradas nos outros meios.

tes. Seus conteúdos são os mais arbitrários possíveis e, por meio da facilidade de copiar, ela destruiu na prática o conceito de direito autoral e da própria autoria. Com isso, abriu caminho a problemas de autenticidade e veracidade da informação, credibilidade do meio e responsabilidade pelas mensagens.

Vejamos os problemas éticos da internet mais detalhadamente. O primeiro deles, mais discutido, é chamado *exclusão digital*. Assim se designa o fato de milhões de pessoas não terem acesso à internet, aprofundando o fosso entre ricos e pobres, entre os equipados e os desclassificados. O argumento é falacioso. É como acusar Gutenberg de ter criado o analfabeto ao inventar a imprensa. Ou como argumentar que a TV cria exclusão porque custa dinheiro e os pobres não podem pagar, só os ricos. No Brasil, 90% das residências têm televisão, mesmo nas favelas, e ela se tornou o mais importante mecanismo de inclusão social e cultural do país – obviamente também o principal meio de construção de uma hegemonia político-ideológica. O custo da internet não precisa ser muito diferente do de um aparelho de televisão.

O argumento também é falacioso porque ignora que a exclusão é constitutiva do sistema capitalista, de suas relações e condições de produção, e não uma característica técnica intrínseca à internet, mesmo considerando que o aparelho computador foi concebido inicialmente para custar o mais caro possível, o que vem sendo revertido lentamente.

Como tecnologia, a relação entre informática em geral (da qual a internet é uma manifestação) e exclusão se dá em planos diversos e que em parte se auto-anulam: no plano da produção capitalista, a capacidade de operar alguns programas elementares tornou-se um pré-requisito para uma grande variedade de ocupações que antes não exigiam essa capacitação. Pode, assim, ter criado exclusão. No entanto, o treinamento para esse manuseio e essa mesma tecnologia permitem a inclusão quando, por exemplo, uma pessoa que não sabe somar ou dividir pode perfeitamente trabalhar como caixa de supermercado porque o *software* faz as contas e determina o troco. Essa tecnologia se mostra também como um grande jogo, o que facilita o aprendizado e o manuseio pelas crianças e pelos jovens, ricos ou pobres. No balanço dos ganhos e perdas, é difícil concluir que a tecnologia exclui mais do que inclui. De qualquer forma, é falacioso negar um avanço tecnológico por isso, já que todo avanço tecnológico teria então que ser condenado.

No plano do acesso à informação e do direito de informar, a internet contribui decisivamente para derrubar barreiras e baratear processos e acessos. E no plano direto da própria inclusão, ou seja, da educação e da formação dos jovens para que não sejam excluídos, a internet é uma ferramenta poderosa, propiciando novas modalidades de ensino a distância e de auto-educação, que a TV já havia iniciado décadas antes. Só o preconceito ancestral contra a máquina e contra o moderno podem explicar a falácia de que a internet cria a exclusão digital. Graças à internet, temos não apenas o ensino *on line*, mas a advocacia *on line*, a política *on line*, a reclamação *on line* e o acesso à informação dos serviços públicos *on line*. Enfim, a *cidadania on line*.

Principalmente, a internet é hoje o instrumento de um novo tipo de ação política por meio das ONGs e dos movimentos sociais. O movimento de Chiapas inaugurou, por intermédio da internet, essa nova modalidade de ação política, de alto potencial organizativo, comunicativo e transformador.

11. O rompimento da demarcação entre os espaços público e privado

A mensagem da internet pode ser filtrada, mas em geral não pede licença para entrar em seu computador. Na esfera dos costumes, não se desenvolveu ainda uma *etiqueta do correio eletrônico*, de modo que todos acham que podem reenviar mensagens aos amigos e inimigos sem pedir licença.

A internet criou um novo espaço de comunicação que é ao mesmo tempo pessoal e público. Uma carta de protesto ou um documento enviado de uma pessoa a outra transforma-se de repente numa circular que corre toda a *world wide web*. Nesse espaço, nessa mídia, ainda se pode manter uma distinção entre conteúdos de interesse público e de interesse privado, mas ela com freqüência transforma comunicação pessoal em comunicação social. E não há um código de ética que indique se e quando isso pode ser feito. Já há marcadores e filtros para mensagens pornográficas e, aos poucos, haverá marcadores que digam que a mensagem é estritamente pessoal e não deve ser retransmitida. Mas quem garante que serão obedecidos, se é tão fácil retransmitir?

12. O rompimento do conceito de direito autoral

Com as ferramentas de cópia, inclusive de sons e imagens, a internet torna difícil a sobrevivência do direito autoral. Esse fenômeno já vinha se manifestando desde a invenção da máquina copiadora xerox, gerando várias reações. Por um lado, foram criados livros de um tamanho tal a tornar a cópia mais cara do que a compra do original. Mas a evolução das máquinas xerox detonou essa solução. Surgiram então as campanhas dizendo que era antiético xerocar livros, e depois as leis proibindo cópias extensas. Mas quem obedece?

A tecnologia da cópia xerox é tão forte que modificou os hábitos acadêmicos. Hoje, estudantes em todo o mundo estudam capítulos de livros copiados em máquinas xerox e não mais os livros inteiros. Só são lidos trechos de livros. Esse é um exemplo notável de como uma nova tecnologia cria novos hábitos e novos hábitos geram novos valores. Esse é o processo de modificação da moral e dos códigos de ética. Copiar capítulos de livros era um valor negativo, uma conduta condenável. Hoje, a conduta correta é ter sempre à mão as cópias dos capítulos que o professor recomendou. O próprio livro mudou de função, e é hoje muito mais a matriz das cópias que serão feitas pelos tempos afora do que um instrumento final de estudo e leitura.

Filmes na forma de fitas ou DVDs já são vendidos ao preço de uma entrada de cinema, inaugurando uma nova era em que as pessoas comuns terão em casa não apenas bibliotecas e CDs, mas também filmotecas.

13. Uma ética do plágio?

Com a internet modifica-se também o caráter da pesquisa bibliográfica e documental. A facilidade de localizar os temas na *world wide web*, de copiar e misturar trabalhos e deles se apropriar, camuflando o plágio por meio de pequenas modificações, assim como o anonimato do contato e do pagamento abriram caminho à prática da *fraude intelectual*, da cópia de trabalhos e de idéias por intermédio da internet.

Por enquanto o plágio ainda é condenado pela ética sobrevivente como fraude intelectual e uma apropriação do trabalho e do mérito alheios. Mas já há *sites* na internet dedicados exclusivamente à venda de pesquisas e trabalhos escolares e acadêmicos. Um novo hábito. Costumes criam valores. Que tipo de valores este criará? Que tipo de ética?

Pode ser que se redefina o que é uma pesquisa acadêmica, com o abandono do critério de originalidade e paternidade das idéias em troca de um critério de competência na busca. O bom pesquisador é o que sabe bem buscar na internet.

14. A produção apócrifa e o falseamento dos fatos

A internet tem se mostrado também como um espaço de boatos e fofocas, ideal para a disseminação de falsidades porque aceita qualquer mensagem e a mensagem não precisa ser certificada, seja de sua autoria, seja de sua veracidade. E se espalha rapidamente não só como verdade, mas como uma verdade que os meios convencionais quiseram esconder. Houve vários episódios recentes. Os mais notáveis foram a produção apócrifa de um mapa do Brasil sem a Amazônia, e a revelação (falsa) de que um estudioso da Unicamp havia descoberto que eram forjadas as fotos de palestinos comemorando o atentado ao World Trade Center. Nem as fotos haviam sido forjadas e nem a Amazônia havia sido retirada do mapa do Brasil. As duas informações falsas circularam pela *world wide web* intensamente, até serem penosamente desmentidas.

Quando os meios convencionais de informação falseiam, caluniam ou difamam, podem ser acionadas as leis de imprensa. Mas não há ainda uma lei de imprensa para a internet, e talvez nunca possa haver. Se uma mensagem difamatória é enviada a dois destinatários apenas e esses destinatários fazem dela uma comunicação social, reenviando-a para centenas de pessoas, cabe aplicar a lei de imprensa? A lei de imprensa tem sido aplicada apenas em alguns casos, em que a informação falsa, difamatória ou caluniosa foi disseminada por um veículo de comunicação eletrônica devidamente registrado, no caso uma *newsletter*. Mas e se a mensagem ofensiva foi disseminada por uma comunicação interpessoal que se disseminou pelo mecanismo *forward* (encaminhar)? Pode-se aplicar uma lei de imprensa?

Na internet se reabrem discussões clássicas da ética, como o conflito entre o público e o privado e entre responsabilidade e liberdade. Na internet, mais do que em outros meios, se materializa hoje o paradoxo ético criado pela falência de valores surgidos no iluminismo e não preenchidos pela ética da pós-modernidade.

Afastando fisicamente os indivíduos e os trabalhadores da comunicação, mas ao mesmo tempo aproximando-os no espaço virtual ou criando uma nova modalidade de interação indivíduo–aparelhos de Estado, indivíduo–sociedade civil, a internet reflete bem esse novo ambiente ético de resultados ainda indefinidos.

A internet é também um novo costume, um hábito. Os costumes são determinantes dos valores éticos. Costumes gerados na operação da internet, tais como o *sexo virtual*, a cópia e a apropriação da produção intelectual alheia, sugerem que o hábito internet é compatível com uma ética da ausência de padrões dominantes, ou, eventualmente, da celebração do individual. Não por acaso, esse novo ambiente ético no jornalismo é adequado aos valores do neoliberalismo econômico e foi instrumental a seu processo de implantação. A internet, paradoxalmente, é o espaço em que melhor se manifesta o fenômeno da fragmentação ética de nossos tempos, mas também o refúgio ideal dos libertários, dos que não se resignaram.

Bibliografia

CASTELLS, Manuel. *A sociedade em rede*. São Paulo, Paz e Terra, 1999.

CNBB. *Ética na internet*. São Paulo, Loyola, 2002.

LÉVY, Pierre. *O que é virtual*. São Paulo, Editora 34, 1997.

__________. *Cibercultura*. São Paulo, Editora 34, 1999.

NEGROPONTE, Nicholas. *A vida digital*. São Paulo, Cia. das Letras, 1995.

ORIHUELA. José L. "Internet: nuevos paradigmas de comunicación". *Chasqui*, v. 77, 2002 (www.comunica.org/chasqui/orihuela77.htm).

SCHAFF, A. A. *A sociedade informática: as conseqüências sociais da Segunda Revolução Industrial*. São Paulo, Brasiliense, 1995.

Economia virtual e jornalismo *on line*

Texto escrito a partir de uma apresentação no simpósio internacional "Universidade e Novas Tecnologias", realizado na Universidade de São Paulo (USP) em abril de 1998. Uma versão incompleta deste texto foi publicada nos anais do simpósio.

Advertências na forma de uma introdução

Expressões como "economia virtual", "realidade virtual" e "tempo real" fazem parte de uma semântica estreitamente vinculada à hegemonia do dólar como moeda mundial e principalmente à grande crise dessa hegemonia a partir do final dos anos 1960. É uma semântica que não tem precisão. Vinte anos depois, a crise do dólar desembocaria na proposta neoliberal, justificada por uma outra expressão dessa mesma ordem semântica, a "globalização", também de discutível valor explicativo.

Trata-se de uma linguagem feita para confundir, mais do que para explicar. Assim, tanto "economia virtual" como "realidade virtual" são conceitos-fetiche, aqueles falsos conceitos, na acepção de Umberto Eco[1],

1. ECO, Umberto. *Apocalípticos e integrados*. São Paulo, Perspectiva, Coleção Debates, 1976.

que, por meio da associação de dois conteúdos antagônicos, geram uma reação de estranheza no interlocutor, trabalhando com seu sentimento e não com sua razão. Seu objetivo não é o de conceituar, e sim o de provocar desagrado. Umberto Eco desenvolveu a tese do conceito-fetiche ao fazer a crítica do pensamento da Escola de Frankfurt sobre os meios de comunicação de massa[2]. Ele mostrou, por exemplo, que "indústria cultural", uma expressão-chave dessa escola de pensamento, contrapõe "indústria" e "cultura", duas palavras de conteúdos antagônicos. O que prevalece na percepção dessa expressão é o antagonismo dos conteúdos, gerando hostilidade ao fenômeno supostamente descrito. O fenômeno "indústria cultural" adquire assim o atributo de algo maligno[3].

Um típico conceito-fetiche é "realidade virtual", que coloca lado a lado dois significados antagônicos. Em "economia virtual", associa-se ao substantivo "economia", que designa uma esfera importante e estritamente material da atividade humana, o adjetivo "virtual", que remete para o imaterial, para a noção de irrealidade, artificialismo, imponderabilidade. Se existe uma economia com características próprias a ponto de merecer um qualificativo (virtual), então ela é real por definição, porque existe. O conceito-fetiche, em vez de qualificar a natureza dessa economia, apenas gera em relação a ela um sentimento de aversão.

Outro falso conceito dessa linguagem é o de "tempo real", associado a uma suposta nova modalidade de jornalismo chamado jornalismo em tempo real ou jornalismo *on line*. Nesse caso, tenta-se dar conotação de absoluta novidade a um processo muito antigo de transmissão ao vivo, que sempre foi a característica do rádio, do telégrafo e de seus derivados, como o telex e agora o fax. Todos os sinais transmitidos por via das ondas eletromagnéticas trafegam na mesma velocidade básica. Descontadas pequenas diferenças oriundas das resistências de cada sistema, que criam atrasos de ordem infinitesimal, essa velocidade é, no limite, a velocidade da luz.

A semântica dos conceitos-fetiche nasceu com a manipulação da expressão "eurodólar", cunhada para encobrir a verdadeira nature-

---

2. Para um panorama da Escola de Frankfurt, ver ARATO, A. & GERHARDT, E. (eds). *The Essential Frankfurt School Reader.* Oxford, Blackwell, 1978.

3. Mais do que isso, Umberto Eco mostrou que a Escola da Frankfurt, ao trabalhar com conceitos como "massa", e não "classe", também embaralhou seu referencial teórico supostamente marxista.

za da enxurrada de dólares que invadiu o mundo. É um conceito-fetiche típico que contrapõe "dólar" (moeda americana) a "euro" (território não-americano). Essa semântica foi se completando, se ideologizando, com a evolução da própria crise e a invenção de outro conceito-fetiche, "petrodólar", até se constituir, nos anos 1990, em um discurso articulador dos sentidos no plano simbólico que hoje tem como macrossignificador a palavra "globalização". Sob o pretexto de uma "globalização", dada como fenômeno natural, irresistível e indiscutível, tudo se justifica e nada se esclarece. Seu sucesso como macrossignificador no campo simbólico foi tão grande que quase todo discurso contemporâneo se inicia com a expressão "globalização", aplicada no sentido de naturalizar o fenômeno político-econômico e historicamente datado da expansão do conglomerado econômico capitaneado pelos Estados Unidos e que compreende também Europa Ocidental e Japão[4].

Automação e desemprego

Pode-se entender "economia virtual" como designativa de dois fenômenos distintos, combinados ou não: a automação, que faz que o trabalho humano seja cada vez menos necessário, e a velocidade e a autonomia de movimento dos capitais financeiros, graças especificamente às novas tecnologias de processamento de dados e de comunicação.

A automação não é nova, nem o desemprego dela decorrente. Esses assuntos vêm sendo estudados desde os tempos de Marx, para quem o desemprego é uma necessidade do capitalismo, com ou sem automação. No entanto, não está estabelecida uma relação causal entre desemprego e automação. Muito menos uma relação do tipo lei natural. A única lei natural na economia parece ser, justamente, a da inexorabilidade do avanço tecnológico. Na história do capitalismo, o desemprego tem sido a regra e o pleno emprego, a exceção. Hoje, o desemprego se manifesta com mais força, mas não podemos esquecer as duas grandes guerras, que dizimaram cerca de 50 milhões de homens na primeira metade deste século, a maioria jovens e trabalhadores.

4. Para a natureza dessa globalização e sua relação com o desemprego, ver MODDY, Kim. *Workers in a Lean World*. London, Verso, 1997.

O desemprego decorre não da natureza da automação, e sim da forma de organização da sociedade. A relação do desemprego com a automação passa pela forma pela qual os ganhos da automação são apropriados. Essa forma é social e politicamente determinada. O futuro do trabalho não depende da automação, e sim da forma de apropriação de seus ganhos e, portanto, do modo pelo qual a sociedade se organizará. O lugar da produção da mais-valia se deslocou bastante da produção material na fábrica, que se organizava pelo sistema taylorista, para a produção intelectual, que passa por redes de informação[5]. Mas o que importa não é o lugar da produção da mais-valia, e sim a forma pela qual a mais-valia é apropriada. Assim, as duas economias comandantes da automação, Japão e Estados Unidos, têm hoje o mais baixo nível de desemprego em relação a outros países (no caso do Japão) e em relação à sua própria série histórica (no caso dos Estados Unidos).

Aí está a importância de uma semântica fundada em conceitos e não em conceitos-fetiche. A discussão sobre o desemprego que pode esclarecer a sociedade é a da natureza da organização social na qual se dá a automação, e não a dos mecanismos tecnológicos da automação em si.

Também não são estritamente tecnológicas as determinantes da globalização dos mercados financeiros, a outra face da chamada "economia virtual", ainda que fortemente condicionadas pela tecnologia. Em seu desenvolvimento, as novas tecnologias entram como meios que possibilitam determinações resultantes de correlações de forças políticas e econômicas. E as principais determinantes são a desordem monetária, instrumentalizada pelos Estados Unidos, como a denúncia unilateral do acordo de Bretton Woods, a liberalização dos mercados financeiros, também exigida pelos Estados Unidos, as gigantescas transferências de recursos financeiros provocadas pelo endividamento do Terceiro Mundo e o grande volume de recursos clandestinos do narcotráfico, por sua vez determinados pela falência das economias latino-americanas devido à crise da dívida externa. Todos fenômenos decorrentes das soluções en-

5. Cf. VIGNERON, Jacques. "O teletrabalho na sociedade tecnológica". *Comunicação e Sociedade*, São Paulo, nº 30, p. 237-254.

contradas pelos Estados Unidos para superar o declínio do dólar e prolongar sua hegemonia.

Com o fim do sistema monetário internacional, acabaram-se as paridades fixas entre as moedas e o preço oficial do ouro e, pela primeira vez no século XX, os bancos centrais deixaram de se reger por um sistema internacional de pagamentos. A desordem monetária apenas agora começa a ser desafiada pela instituição de uma moeda única européia. É o início do caminho inverso e do fim das avalanches financeiras que levaram à cunhagem do conceito-fetiche "economia virtual".

Histórico

A erosão de Bretton Woods já começou nos anos 1950, quando depósitos em dólar passaram a proliferar no mercado financeiro europeu, dando origem ao que foi chamado de "eurodólar", nada mais do que depósitos em dólares mantidos em bancos fora dos Estados Unidos[6]. No início eram resíduos de créditos mantidos na Europa para ser usados pelos aliados dos Estados Unidos no pagamento das encomendas de guerra. Depois foram sendo engordados pelos créditos do plano Marshall e pelos pagamentos crescentes entre empresas multinacionais, todos denominados em dólar. Esses depósitos não eram controlados nem pelo Fed (Federal Reserve), porque estavam fora dos Estados Unidos, nem pelo Banco da Inglaterra, porque não eram depósitos em libra esterlina.

Aceitos irrestritamente pelos agentes econômicos, os dólares desse mercado cresceram em proporção direta aos déficits no balanço de pagamentos dos Estados Unidos, até que sobrepujaram o total das reservas em dólares dos bancos centrais. O mercado do eurodólar criou moeda em escala internacional, financiando tanto o déficit no balanço de pagamentos dos Estados Unidos como a expansão dos interesses

6. É impressionante como esse conceito-fetiche cumpriu sua função de confundir. Desde os primeiros artigos do jornalista húngaro Paul Henzig, como "The Eurodollar System", publicado em 1964 (London, MacMillan), popularizando a expressão, até o artigo de Milton Friedman, "The Eurodollar Market, Some Principles", em 1969 (*Morgan Guaranty Survey*), e mesmo depois, discutiu-se se o eurodólar criava crédito ou não, se era uma moeda universal ou apenas o próprio dólar americano.Ver bibliografia em KAVE, Daniel R. *The Eurodollar Market and the Years of Crisis*. London, Helm, 1983.

norte-americanos no mundo. Foi uma espécie de *seignorage* em escala internacional[7]. Criou-se um grande mercado autônomo em relação a economias nacionais, exceto a norte-americana[8].

Durante os anos 1960 e no início dos anos 1970, economistas e dirigentes do Fed discutiram intensamente a natureza do mercado do eurodólar, sem chegar a uma conclusão e muito menos a qualquer tentativa de regulação. Países árabes passaram a transformar libras esterlinas em dólar, mas preferiram manter esses dólares em bancos europeus, alimentando assim o mercado de eurodólar. Para remunerar esses depósitos, foi usada a própria taxa interbancária do eurodólar (London Interbank Offered Rate, ou Libor), que por sua vez refletia os juros prevalecentes nos Estados Unidos. A Libor variava todos os dias e ao longo do dia. Em janeiro de 1963, o *Financial Times* criou a sua coluna de registro da Libor.

Com a crise do petróleo de 1973, a nova política norte-americana passou a ser a desvalorização deliberada do dólar por meio da inflação como forma de erodir o aumento nominal do preço do petróleo. A inflação no dólar gerou uma nova variável de desordem num mercado já desregulado. Para poder lucrar com os depósitos de eurodólar, em geral de curtíssimo prazo, os bancos inventaram novos tipos de empréstimos em dólar, de médio e longo prazos lastreados em depósitos de curto prazo, e cobrando juros flutuantes, de forma a cobrir a inflação futura, qualquer que fosse, e o custo do dinheiro no interbancário, também qualquer que fosse. O juro flutuante baseava-se na taxa interbancária, a Libor, publicada no dia do vencimento do juro, mais um acréscimo de prêmio. Com os empréstimos do mercado do eurodólar fixados a juros flutuantes, introduziram-se no mercado financeiro, em escala mundial, duas variáveis de risco novas: o risco de quebra do devedor por alta súbita dos juros e o risco de quebra do banco por falta súbita do *funding*[9].

Nos projetos de prazo especialmente longo de maturação, financiados com empréstimos tomados no mercado do eurodólar a juro flutuan-

---

7. "Money Creation and the Eurodollar Market. A Note on Prof. Friedman's Views. Fred H. Klopstock". *Monthly Review*, Federal Reserve Bank, N.Y., v. 52. nº 1, January 1970.

8. STALLING, Barbara. *Banking to the Third World*, Un. Cal. Press, 1987.

9. MCKENZIE, G. & THOMAS, S. *Financial Instability and the International Debt Problem*. Palgrave Macmillan, 1992.

te, tais como siderúrgicas, centrais nucleares e programas de reflorestamento para papel, foi introduzida como nova e importante variável de risco a súbita alta de juros antes da maturação plena dos projetos[10].

Novas tecnologias e a autonomia financeira

A disseminação dos aparelhos de teletipo, no final dos anos 1960, permitiu que um banco transmitisse a um conjunto de "n" bancos propostas de associação na concessão de empréstimos, que bastavam ser respondidas por outro telex para se tornar documentos legais. O banqueiro grego Mikos Zombanakis, do London Merchant, foi o primeiro a bolar um *syndicated loan* (empréstimo sindicalizado) reunindo 22 bancos num empréstimo de 200 milhões de dólares ao governo da Itália. Os *syndicated loans* só eram possíveis graças à existência dos terminais de telex em todos os bancos. A baixa velocidade de transmissão ainda não era um obstáculo. O telex transmite a não mais do que três *bytes* por segundo. No *syndicated loan* típico, cerca de 50 a 80 bancos entram com fatias de 10 milhões a 50 milhões de dólares para um empréstimo único da ordem de 200 milhões a 400 milhões de dólares a um país qualquer do Terceiro Mundo. Por um lado, o formato reduz o risco individual de cada banco; por outro, liga todas as redes de agências bancárias num único sistema de empréstimos, criando uma solidariedade de destinos e de riscos.

Em 1976, a OCDE (Organização para a Cooperação e o Desenvolvimento Econômico) publicou a apostila de P. A. Wellons[11], que se tornaria famosa entre funcionários de bancos do Terceiro Mundo, a qual ensinava como tomar empréstimos no mercado do eurodólar. "Reciclagem dos petrodólares" por meio do endividamento do Terceiro Mundo passa a ser política oficial do FMI (Fundo Monetário Internacional). Esses países foram induzidos a tomar empréstimos sindicalizados oferecidos por um conjunto de bancos que chegavam a atingir até 1 bilhão de dólares. Eram os *jumbo loans*, todos fixados com base em juros flutuantes. Assim, as novas variáveis de incerteza de taxas de

---

10. MORRIS, Quentin. "The Finance of Large-Scale Projects". Note 32, *International Banking Seminar School*, Cambridge Ed. The Institute of Bankers, London, 1979.
11. WELLONS, P. A. *Borrowing by Developing Countries on the Euro-Currency Market*. OECD, 1976.

câmbio e de taxas de juros (embutidas na formatação desses empréstimos) se tornaram parte fundamental de todo o mercado financeiro. O petrodólar foi outro conceito-fetiche, associando duas palavras de conteúdo semântico diferente que confundem ao sugerir tratar-se de um dólar especial, quando é um dólar como outro qualquer.

O crescimento vertiginoso do mercado desregulado do eurodólar levou as principais agências de informação econômica, AP-Dow Jones, Reuters e Bloomberg, a investir pesadamente em tecnologias que permitissem aos agentes econômicos acompanhar mais agilmente o ambiente de cada moeda, taxas de juros e de inflação. Os mercados oscilavam violentamente, dando chance a grandes ganhos especulativos para os mais espertos ou mais velozes[12]. A velocidade do processo de tomada de decisão baseado na informação passou a ter valor monetário.

A AP-Dow Jones criou seu Economic Report, com informações financeiras em profundidade transmitidas aos terminais de telex de cada banco. Seis outros serviços de informação financeira foram criados em seguida. Em 1968 a Reuters, que comercializava um sistema criado nos Estados Unidos, desenvolveu seu próprio sistema, o Reuters Ultronic Report, com velocidade muito maior de transmissão, baseado na tecnologia da informática. Dois anos depois, introduzia o sistema Vide-Master Advance, no qual a informação (cotações, taxas) vinha dos próprios assinantes e era tornada pública pelo sistema.

O meio se torna o mercado

Criou-se, assim, o embrião do que seria um mercado interativo formado no interior dos próprios meios de informação. Informação e mercado começaram a se fundir. Reuters e AP-Dow Jones também passaram a influenciar o mercado com suas informações. Com a crise do dólar de 1971, na qual se quebraram as paridades fixadas no acordo monetário de Bretton Woods, seguiram-se repetidas convulsões financeiras e tornou-se vital para os bancos o recebimento de informações plenas e rápidas sobre cada ambiente monetário nacional. A Reuters introduziu o Monitor Money Rates para isso. Um pequeno sistema de fechamento

12. Para o papel da velocidade na pós-modernidade, ver VIRILIO, Paul. *Velocidade e política*. São Paulo, Estação Liberdade, 1996.

de negócios por via eletrônica já existia nos Estados Unidos no final dos anos 1970: chamava-se TAFEX.

Os bancos resistiram a esses novos meios, que retiraram deles o poder sobre a informação de mercado, mas finalmente sucumbiram. Usavam as informações tornadas públicas pelo sistema, mas fechavam os negócios privadamente. Foram os fundos de pensão que se sentiram mais atraídos por esses novos meios. Por outro lado, a disseminação dos empréstimos sindicalizados a taxa de juros flutuantes vinculadas à taxa interbancária exigia a publicação formal dessas taxas.

Em 1981, graças às novas tecnologias da informática, vencendo a resistência dos bancos e com apoio de investidores institucionais, como fundos de pensão, a Reuters ofereceu o primeiro serviço amplo de cotações de ativos financeiros, no qual o negócio podia ser fechado pelos assinantes pelo mesmo circuito do recebimento das cotações. Com o Reuters Monitor Dealing, os meios de informação tornaram-se o próprio mercado. Dois anos depois, esse sistema já tinha 400 assinantes. Essa seria a definição mais acurada de "mercado virtual", que, como vemos, nada tem de artificial ou de virtual. Trata-se de um mercado que opera dentro do próprio meio de informação, prescindindo da materialidade de Bolsas, pregões e mesas de câmbio, mas que se vale da materialidade de computadores, satélites, fibras óticas e linhas telefônicas.

O mercado virtual opera nas ondas eletromagnéticas ininterruptamente, 24 horas por dia. As principais bolsas de valores implantaram sistemas que permitem o fechamento de negócios via computador, sem necessidade de que as ordens passem por seus pregões. Mas o mercado ainda responde ao comportamento ostensivo das principais bolsas, com a diferença de que hoje há sempre uma bolsa de valores importante em operação, devido à tripolaridade (Estados Unidos, Europa e Extremo Oriente), outra novidade geopolítica em relação aos períodos anteriores de domínio estritamente britânico, e mais recentemente norte-americano.

No final dos anos 1980, após sucessivas desvalorizações do dólar e da eliminação unilateral de sua conversibilidade automática em ouro, os Estados Unidos finalmente declararam nulos os acordos de Bretton Woods. O mundo passou a viver, pela primeira vez na era moderna, sem um sistema internacional de pagamentos e sem um padrão internacional de paridade entre as moedas. Ao mesmo tempo, os compromissos de pagamento da dívida tornaram quase todos os países periféricos insolventes de forma permanente e geraram contínuas crises cambiais, realimentando a instabilidade monetária e cambial.

Assim se produziu o caos financeiro, mãe de todas as especulações e de todos os movimentos bruscos de capital, de uma moeda para outra. O que surgiu como um aparente mercado financeiro virtual não foi fruto da natureza das coisas, e sim da natureza das políticas implementadas no contexto da *Pax Americana* para assegurar a hegemonia do dólar.

Em 1991, a Reuters, que se tornara uma empresa bilionária graças à instabilidade monetária, era a principal supridora de informação econômica do mundo, operando quatro sistemas, coletando informações de 153 bolsas de valores e ligando 3.500 clientes. Ela passou a desenvolver dois novos sistemas de transação em tempo real, o Globex (mercado de opções) e o Dealing 2000-2 (mercado futuro), que reduziram muito os custos de transmissão.

Hoje são negociados no mercado financeiro cerca de 700 bilhões de dólares em moedas fortes num único dia, mais do que o total de reservas em moedas fortes de todos os bancos centrais juntos. O fluxo de capitais financeiros rentistas a países do Terceiro Mundo chega a 230 bilhões de dólares anuais[13]. Esses fluxos decorrem principalmente da capacidade de acumulação dos fundos de pensão dos países ricos, por sua vez determinada pela divisão desigual dos ganhos e das rendas da produção mundial. A velocidade de transmissão de informação chega a 12 *megabytes*/segundo, o que permite transmitir 20 vezes todo o *Guerra e paz* de Tolstoi.

Criou-se uma liquidez elevadíssima, com muito dinheiro concentrado nos bancos e fundos de investimento financeiro e pouco dinheiro distribuído em investimentos produtivos. Ciclos de euforia se sucedem, intercalados por períodos de depressão, num mercado que não responde mais a políticas monetárias de cada governo[14]. É o mercado que passa a governar as políticas monetárias, como sucede hoje no Brasil na tentativa de sustentação do real.

---

13. "Capital Flow Sustainability and Speculative Currency Attacks. IMF staff". *Finance & Development*, dec. 1997.

14. BALDER JR., John M. Foreign Markets Volatility and Monetary Policy. *Challenge*. New York, Armonk Publishers, Nov/Dec 1997.

Jornalismo e velocidade

No jornalismo, sempre houve uma corrida contra o tempo e por isso é clássico no jornalismo o conflito entre qualidade e primazia da notícia. As agências de notícias, desde a invenção do telégrafo, sempre despacharam na velocidade das ondas eletromagnéticas. Onde está, então, a novidade do "jornalismo *on line*"? Como se trata de outro conceito-fetiche, a expressão confunde mais do que elucida.

São três as características essenciais do jornalismo *on line*. Em primeiro lugar, seu público. O principal público do jornalismo *on line* são os especuladores e as instituições financeiras. Ele é uma extensão dos serviços de informação econômica ampliados pela Reuters e outras agências quando se acelerou a crise do dólar. Com o jornalismo *on line*, a aceleração do tempo provocada pelo domínio da especulação financeira sobre as demais atividades econômicas migrou para o processo de produção das notícias, levando a uma aceleração correspondente do tempo jornalístico[15]. Assim, o jornalismo *on line* reflete o triunfo do capital financeiro não só sobre a economia, também sobre o processo de produção da notícia.

Há um público de pessoas comuns que acompanham o jornalismo *on line* em seus locais de trabalho ou como parte do leque de opções oferecidas pela internet aos internautas. Mas esse não é o público principal, aquele para o qual o serviço do jornalismo *on line* se organiza. O jornalismo *on line* se dirige aos usuários que atribuem à notícia um valor monetário imediato. Para esse leitor, em geral assinante de um serviço *on line*, exclusivo, a informação não tem valor de uso, tem valor exclusivo de troca, é uma *commodity* ou matéria-prima de um processo decisório na esfera das aplicações financeiras, que por sua vez é sua fonte de lucros[16].

Em segundo lugar, e por causa desse seu papel, há no jornalismo *on line* a primazia da velocidade sobre outros atributos da informação,

15. Que por sua vez acelera o tempo político e a especulação financeira. Governos acostumados a reagir à imprensa em ciclos de 24 horas, quando a notícia saía nos jornais, passam a reagir instantaneamente, logo que o despacho aparece na internet. Cf. PAIVA E SILVA, Jaqueline de. *O mercado financeiro pautando a cobertura de economia da grande imprensa*. Dissertação de mestrado, Brasília, UnB, 2002.

16. Para essa conceituação ver: LYLE, J. e MCLEOD, D. B. *Communication, Media and Change*. California, Mayfield Publishing, 1992.

tais como precisão, contextualização e interpretação. Esses atributos são sacrificados em nome da velocidade. No jornalismo *on line* as informações são enviadas continuamente, aos pedaços, ao mesmo tempo que os fatos estão acontecendo. A fragmentação da informação, uma característica do processo de produção da notícia, é levada ao extremo no jornalismo *on line*. É um jornalismo que não espera o resultado da batalha. Informa cada troca de tiros. Se um presidente faz um longo discurso, o jornalismo *on line* transmite um despacho atrás do outro com pedaços sucessivos do discurso.

A terceira característica diferenciadora do jornalismo *on line* em relação ao praticado pelas agências de notícias tradicionais está no uso que esses veículos fazem de seus conteúdos. Enquanto os despachos das agências de notícias eram e ainda são usados como produto final, publicados com apenas leves adaptações, o noticiário *on line* é usado como pauta para a cobertura feita pelos próprios jornalistas desses veículos. Dessa forma, transportou-se para o fazer jornalístico o ritmo frenético da cobertura continuada *on line*. O repórter, mesmo se já está em campo, recebe por intermédio de seu celular novas ordens de trabalho, inspiradas em fatos que seu chefe acabou de ler no jornalismo *on line* das telas da internet. E, como essas pautas tratam majoritariamente de economia e finanças, o processo leva ao domínio temático do capital financeiro e seus interesses na pauta jornalística geral.

Não só jornais e emissoras de rádio e TV, mas também governos e autoridades locais passam a dançar segundo a música e o ritmo do jornalismo *on line*. Dá-se uma institucionalização desse tipo de jornalismo e a transformação de seu noticiário fragmentado e em geral especializado e ininteligível para o homem comum em verdade objetivada[17].

Bibliografia

ARATO A. & GERHARDT, E. *The Essential Frankfurt School Reader*. Oxford, Blackwell, 1978.

ECO, Umberto. *Apocalípticos e integrados*.São Paulo, Perspectiva, 1976.

17. Cf. A análise de Jaqueline Paiva e Silva (op. cit.) sobre o papel da agência em tempo real Broadcast no Brasil.

FRIEDMAN, Milton. *The Eurodollar Market, Some Principles*. New York, Morgan Guaranty Survey, 1969.

KAVE, Daniel R. *The Eurodollar Market and the Years of Crisis*. London, Helm, 1983.

HENZIG, Paul. *The Eurodollar System*. London, Macmillan, 1964.

LYLE, J. & MCLEOD, D. B. *Communication, Media and Change*. California, Mayfield, 1992.

MOODY, Kim. *Workers in a Lean World*. London, Verso, 1998.

VIGNERON, Jacques. "O trabalho na sociedade tecnológica". *Comunicação e Sociedade*, São Paulo, nº 30, p. 237-254.

VIRILIO, Paul. *Velocidade e política*. São Paulo, Estação Liberdade, 1996.

WELLONS, P. A. *Borrowing by Developing Countries on the Euro-Market*. Paris, OECD, 1976.

Declínio e morte do jornalismo como vocação

Texto elaborado a partir de uma palestra de abertura na Semana Nacional de Comunicação da CNBB, Brasília, maio de 2003.

Há muito tempo tenho observado que a vida dos jornalistas, em contraste com a vida dos artistas, não é notícia de jornal[1]. Lembro quando morreu, lá pelo final dos anos 1980, o grande jornalista de polícia Octávio Ribeiro, o "Pena Branca", como era conhecido por causa de uma mecha de cabelos brancos que destoava do resto de sua cabeleira. Pena Branca tinha o jornalismo no sangue. Não tinha diploma de jornalismo, mas tinha talento. Escrevia muito bem; seu estilo era único, incorporando o jargão da malandragem carioca. Quase um escritor. Pena Branca não tinha estudo, mas tinha vocação. Quando morreu, apenas um jornal noticiou sua morte, numa notinha de 20 linhas. Fiquei escandalizado com a falta de interesse da imprensa por sua vida de repórter.

1. Exceto quando é morte matada, no exercício do seu ofício. Mesmo essas ficam apenas um dia nos jornais.

Dias depois, um de meus alunos, o Alcides, propôs na reunião de pauta do *Jornal do Campus* – o jornal-laboratório da ECA-USP – uma matéria sobre o Pena Branca. "Que tipo de matéria?", perguntei. "Sei lá, uma notinha de umas 20 linhas", ele propôs, "já que a maioria dos jornais não deu nada".

Ponderei que um repórter do calibre do Pena Branca merecia mais do que uma nota de 20 linhas. O Alcides, que escrevia muito bem e cultuava o jornalismo, encheu-se de brios e dias depois veio com a matéria "Caiu um Boeing", em que descrevia a vida do repórter mimetizando a linguagem peculiar do Octávio Ribeiro. Matéria genial.

Quase dez anos depois, em 1997, morreu o José Carlos Bardawil, outro repórter fora do comum, que dava tudo por um furo de reportagem[2]. Também era um caso de vocação, apesar de Bardawil sempre ter desejado fazer teatro, e não jornalismo. Bem conhecido na época, diretor da *IstoÉ* em Brasília, Bardawil morreu de câncer ainda jovem, aos 54 anos e, de novo, verifiquei o mesmo descaso dos poucos jornais que informaram sua morte, como a *Folha de S.Paulo*, que se limitou às mesmas 20 linhas.

A vida de repórteres, que contaram tantas histórias e viveram tantos episódios importantes, vale para seus colegas editores mais ou menos 20 linhas – ou cerca de 12 centímetros de coluna, para usar a unidade de medida quantitativa regimental.

Max Weber já havia observado que "o jornalista pertence a uma espécie de casta de párias que a sociedade julga a partir de seus representantes mais indecorosos"[3]. Dizia que "o descrédito do jornalismo aos olhos do público deu-se pelo fato de este ter guardado na sua memória os erros e os abusos dos jornalistas irresponsáveis"...

Weber não compartilhava essa percepção. Tinha apreço pelo jornalismo. Disse que "o trabalho jornalístico requer tanta inteligência como qualquer trabalho erudito", além de um nível de eficiência em

---

[2] De fato, no livro póstumo em que Bardawil conta sua vida a um outro jornalista, Luciano Suassuna, há um episódio em que Bardawil trocou seu lugar na fila de um apartamento a ser financiado pelo Congresso por um furo de reportagem. Cf. SUASSUNA, Luciano. *O repórter e o poder.* São Paulo, Alegro, 1998.

[3] WEBER, Max. *A política como vocação.* Brasília, UnB, 2003. Weber discute nessa passagem as possibilidades de realização do jornalista como político e diz que talvez essa fosse uma das poucas atividades, em sua época, em que o político podia ser remunerado regularmente (como jornalista).

condições de pressão de tempo ausente na maioria das outras atividades intelectuais[4].

Luiz Beltrão, da mesma forma, observou "o desapreço em que é tido o jornalismo no Brasil"[5]. Localizava esse desapreço na cultura das elites brasileiras paternalistas, que cooptavam os jornalistas com pequenos favores, tais como o não-pagamento de Imposto de Renda, e menosprezavam suas críticas, minando assim uma das principais funções do jornalista. Esse desapreço se irradiava para as camadas populares. E o próprio jornalista sofria de um complexo de inferioridade, sentindo-se desorientado e despreparado para as tarefas cada vez mais complexas e segmentadas da profissão nos anos 1950, quando ele escreveu seu ensaio.

Mas Luiz Beltrão não assumiu que o trabalho do jornalista pudesse requerer a um só tempo os atributos tão diferentes de inteligência, conhecimento e destreza que Weber detectou. É essa combinação tão rara, mais a sensibilidade e o saber narrar uma história que constituem a vocação jornalística. Por isso, o bom escritor nem sempre consegue ser um bom jornalista – se lhe faltar a destreza –, mas o bom jornalista sempre pode se tornar um bom escritor.

Luiz Beltrão localizou na carga de conhecimentos o principal atributo do jornalismo. E para superar a falta de conhecimento, diante de um mundo cada vez mais exigente em saberes especializados, propôs a instituição de cursos superiores de jornalismo. Mas o resultado dessa experiência, praticamente única no mundo, foi constrangedor. O saber e a auto-estima dos jornalistas não aumentaram; ao contrário, caíram ainda mais. E a vocação deixou de ser critério para o ofício de jornalista. Vocação vem do latim *vocare*. Designa, mais do que talento, um chamado interior sobre o qual não se tem controle, uma urgência de fazer algo. Bardawil sempre quis fazer teatro, mas sua vocação era o jornalismo.

Um dos argumentos de hoje para justificar a necessidade de diploma para ser jornalista é que o jornalismo antigo era uma profissão romântica. Nesse argumento, a adjetivação tem um sentido depreciativo. O que se quer dizer é que não era um jornalismo profissional, que havia muito favoritismo na distribuição dos poucos empregos entre

4. Ibidem.

5. Beltrão, Luiz. *Iniciação à filosofia do jornalismo*. São Paulo, Edusp, 1992.

amigos e na redação das matérias, a serviço de políticos de ocasião, de governantes. Que muitos jornalistas tinham um segundo emprego.

Nesse mundo imaginado pelos que nele não viveram, o jornalismo era um bico, uma sinecura, um modo de ter entradas de graça para o teatro e para os desfiles de carnaval. Os jornalistas se divertiam nas redações, convivendo com tipos exóticos, poetas e escritores que se sustentavam não com seus livros, mas com a matéria efêmera jornalística. Depois do fechamento, iam tomar cerveja nos botequins. Viviam mais nos botecos do que no jornal.

Será que era isso mesmo? Certamente havia a "paixão pela profissão". Não apenas pelo furo, mas também pelo acabamento, pelo texto diferente, pela iconoclastia e pela irreverência. E havia o espaço, que hoje se perdeu, para a grande narrativa.

Luiz Beltrão preferia definir o jornalismo daquela época como "vocacional", em contraste com o jornalismo de hoje, que se aprende na escola. Era a vocação que fazia de uma pessoa um jornalista: "[...] a quase totalidade de jornalistas constituída de vocacionistas, formados na velha escola do batente [...]"[6].

Não há dúvida de que a vocação é o marcador do velho jornalismo, e a desnecessidade de vocação é o demarcador principal entre o velho e o atual jornalismo. Mas há outros demarcadores: a grande reportagem típica do velho jornalismo não é necessária no novo; a postura contra-hegemônica e crítica, a irreverência e o desafio às autoridades e ideologias dominantes também eram marca do velho jornalismo, e hoje aparecem apenas ocasionalmente; finalmente, o cinismo, que costumava atacar o velho jornalista do meio para o fim de sua carreira, hoje é o ponto de partida do jovem jornalista. Ele já começa cínico.

Por tudo isso é muito grande a diferença entre o jornalista por vocação e o jornalista por profissão. Hoje, a cada morte de jornalistas da velha geração, como Pena Branca ou Bardawil, ficamos com a sensação de que eles eram os últimos de uma espécie em extinção, de que os novos jornalistas pouco ou nada têm em comum com esses que foram morrendo.

No dia 22 de abril de 2003, por um desses azares do destino, morreram ao mesmo tempo em São Paulo o jornalista Jair Borin e o

---

6. Ibidem, p. 28.

dramaturgo Mauro Rasi. A coincidência dessas duas mortes permitiu-me elaborar o valor da vida de um jornalista da velha geração para os jornalistas de hoje. Procurando o obituário de Jair Borin nos jornais, percebi que *O Globo*, *Valor* e *Jornal do Brasil* não noticiaram sua morte. Não deram nem as 20 linhas regimentais.

Jair Borin era um humanista. Foi dirigente da Associação dos Docentes da Universidade de São Paulo (USP), participou de duas diretorias do Sindicato dos Jornalistas do Estado de São Paulo, ministrava cursos e conferências por todo o país e foi o candidato mais votado pela comunidade universitária ao cargo de reitor da USP, na última eleição. Nem se pode alegar falta de tempo ou de conhecimento. Jair Borin morreu de manhã. Ao meio-dia, a notícia já era veiculada pela Agência Estado.

Jair Borin trabalhou muitos anos na *Folha*, onde escreveu algumas de suas matérias mais importantes. Seu furo de reportagem sobre o misterioso Projeto Jari, na Amazônia, foi publicado na *Folha*. Vários de seus ex-alunos trabalham na *Folha*. Mas este jornal, dirigido, por excelência, por jornalistas das novas gerações, limitou-se às 20 linhas regimentais, num pé de página, dentro da seção obituário. A página é ocupada quase inteirinha pela morte do dramaturgo Mauro Rasi, que, além da reportagem principal, foi homenageado em três outros textos e notinhas de "repercussão" de sua morte.

Gazeta Mercantil e *Correio Braziliense* também se limitaram às 20 linhas regulamentares de obituário. Só *O Estado de S. Paulo*, entre os jornais de referência nacional, noticiou com destaque a morte de Jair Borin. Uma longa matéria descrevendo sua vida e sua trajetória jornalística e acadêmica. Como ressalta bem a reportagem, Jair tinha prazer em lecionar e foi especialmente bem-sucedido como orientador de alunos de cursos de pós-graduação, em suas dissertações de mestrado e teses de doutorado. Também no *Estado* a morte de Mauro Rasi ocupou o topo da página, mas os espaços atribuídos a cada morte foram quase iguais.

Para a edição das duas mortes, a *Folha* adotou o critério literário, pelo qual um dramaturgo vale muito mais do que um jornalista. O dramaturgo é um artista. O jornalista escreve, mas não é um artista. Apenas exerce um ofício. O *Estado* não adotou o critério literário. Adotou o da totalidade do ser humano. E por esse critério a vida de Jair Borin foi mais dramática do que qualquer peça de teatro. Jair foi ativista político nos anos 1960. Foi preso e torturado, mais de uma vez. Uma das torturas foi a de obrigá-lo a cavar a sepultura em que seria supostamente enterrado.

Jair participou da imprensa alternativa dos anos 1970. Foi um dos criadores, junto com Plínio de Arruda Sampaio, do *Correio da Cidadania*, jornal alternativo dos tempos atuais. Participava do núcleo agrário do PT. Tornou-se muito amigo de um dos fundadores do ideário da reforma agrária no Brasil, José Gomes da Silva.

Nem o perfil engajado de Jair Borin emocionou os jovens editores da *Folha*. No jornalismo de hoje, a matéria jornalística é efêmera. E essa transitoriedade se transfere para o seu autor – o jornalista. Já o teatro, é eterno. Essa é a escala valorativa de hoje, que os editores aplicam retroativamente a jornalistas de antigamente, que no entanto produziam matéria mais duradoura, como eram as grandes reportagens do *New Journalism* norte-americano, do argentino Roberto Walsh, do uruguaio Eduardo Galeano, dos ingleses Richard Gott e Basil Davidson, dos jornalistas de *Realidade* e de *Opinião*.

Aqui temos mais um traço demarcador entre o jornalismo romântico e o jornalismo de hoje: a ambição narrativa dos românticos, e daí a perenidade de seus textos, em contraste com a banalidade da escrita jornalística de hoje. Num certo sentido, a morte de cada um desses nossos colegas de gerações mais antigas é uma metáfora macabra da morte de um modo de ser jornalista, de um *ethos* jornalístico.

Uma das pesquisas que organizei com os alunos e permaneceu inacabada consistiu em localizar onde estavam, nos anos 1980, os jornalistas da minha geração, os jornalistas dos anos 1960 e 1970 e os que nos antecederam, os dos anos 1950. E descobrimos que a maioria havia abandonado o jornalismo.

É como se o jornalismo tivesse deixado de interessar pessoas de certo perfil. Muitos eram escritores que haviam virado jornalistas e voltaram a ser escritores. Outros foram chamados pelas tarefas da redemocratização. Uma grande parte abriu pequenas empresas de comunicação e assessoria. E alguns foram trabalhar em bancos ou grandes empresas multinacionais. Chamei essa pesquisa de "A morte do jornalista", tão impressionado fiquei com esse processo de esvaziamento de um determinado tipo de jornalismo.

Penso que houve um momento em nossa história recente, como já havia acontecido cem anos antes, quando o jornalismo esteve na linha de frente da luta republicana e produzia figuras como Émile Zola, em que o jornalismo foi o espaço principal da realização de grandes projetos de intervenção e de realização intelectual, atraindo intelectuais e pessoas de diversos talentos e formações. E os jornais transcendiam sua função imediata de informar.

Como diz o jornalista espanhol Santiago Belloch:

> "Diários como *Le Monde*, *L'Humanité* significavam muito mais do que escreviam. *The Times*, *Il Corriere dela Sera*, *La Repubblica*, *Le Figaro* e, anos ou décadas depois, *El País*, criavam e mantinham uma imagem própria, uma cultura que ultrapassava fronteiras e impulsionava um certo ar de valores comuns de globalidade cultural mais ou menos assumida pelos seus leitores individualmente"[7].

Os grandes jornais já eram grandes empresas capitalistas, mas ainda era possível um grupo de intelectuais ou jornalistas fundar um jornal com pouco dinheiro. E os capitalistas que queriam só ganhar dinheiro procuravam outras atividades econômicas. Hoje a comunicação é feita por grandes conglomerados que estão na vanguarda do processo de acumulação de lucros. A indústria da sedução comanda o espetáculo capitalista.

Creio que esse momento se perdeu, se esgotou. E que essa é a principal diferença entre o jornalismo que hoje é chamado de romântico e o jornalismo atual, que perdeu sua centralidade no mundo da cultura e das idéias.

A competição feroz pelo emprego determina um *ethos* de individualismo extremado. E o jornalista se comporta como um combatente que não luta pela verdade ou pelo interesse público – luta para garantir o seu emprego.

Assim se explica o caso de Jayson Blair, o repórter demitido do *New York Times* por ter inventado informações. Ele mesmo disse:

> "Eu era novo, sob muita pressão. Eu era negro no *Times*, o que é algo que prejudica você tanto quanto ajuda. Certamente tenho problemas de saúde

---

7. BELLOCH, Santiago. *El asalto a la cultura democrática*. Barcelona, Ediciones B., 2003.

que me levaram a ter que matar o jornalista Jayson Blair. Eu iria matar a mim mesmo ou iria matar o jornalista. Para que o ser humano pudesse viver, o jornalista tinha que morrer"[8].

Nesse novo ambiente competitivo, o jornalista tem que adotar estratégias de sobrevivência. No novo ambiente, o jornalista não deve se deixar marcar como radical. Tem que aceitar as "regras do jogo". Na invasão do Iraque pelo exército americano, cerca de 500 jornalistas juntaram-se aos destacamentos militares, como parte da tropa. Eram os jornalistas "embutidos" nos batalhões. O resultado foi a cobertura que todos testemunhamos, na qual as reportagens faziam parte das táticas de guerra e o jornalismo virou força auxiliar da invasão, com a tarefa específica de desinformar. Fizeram isso tão bem que foi a única operação bem-sucedida da invasão.

Essa mudança no papel do jornalista lembra a criação das ordens dos templários e hospitalários, religiosos da Igreja Católica que lutavam nas cruzadas e combatiam com mais ferocidade do que os soldados comuns, porque combatiam em nome de Deus.

Temos agora o jornalista-soldado. Esses "embutidos" da invasão do Iraque voltaram para casa trazendo troféus de guerra, como soldados de verdade costumam trazer. Sua glória não foi, evidentemente, as mentiras que escreveram. Sua glória está nos troféus. Seu *ethos* é o do soldado.

Claro que nesse ambiente perdeu-se também a demarcação ética do jornalismo que atingiu perfeição canônica nos anos 1970, simbolizada pelo episódio Watergate, em que o jornalismo mostrou sua centralidade na sociedade e que marcou profundamente o *ethos* do jornalista da minha geração.

As profissões e os ofícios, como sabemos, inserem-se de modo diferente no conjunto das atividades humanas e nas escalas de valores da sociedade em diferentes épocas. Alguns até desaparecem. Os médicos, como mostrou bem Michel Foucault, eram os todo-poderosos dos séculos XVII ao XIX, quando a necessidade de saneamento urbano e a instituição de normas sanitárias conferiram a eles, sobre a autoridade

8. DIAS, Roberto. "Repórter que fraudou 'NYT' culpa pressão". *Folha de S.Paulo*, São Paulo, 22 mai. 2003, p. A22.

do saber científico, uma outra autoridade: o poder de polícia[9]. Por isso o médico é o grande personagem da literatura dessa época. Sherlock Holmes é o protótipo desse profissional-herói.

Hoje, a profissão que detém o poder é a dos economistas. Sozinhos, eles decidem o destino de sociedades inteiras, emitindo pacotes econômicos que confiscam a poupança popular, submetendo governos a políticas de juros punitivas. Na era de domínio do capital financeiro, quem manda é o economista.

Mas mudanças importantes alteraram o caráter de certas profissões. Algo parecido pode ter acontecido com o jornalismo. No caso do médico, o que mudou foi essencialmente a sua relação de trabalho. Em sua maioria, os médicos já não são os profissionais liberais, autônomos, do século XVII. Como mostrou Maria Cecília Donnangelo[10], os médicos se tornaram assalariados de uma atividade mercantil de prestação de serviços massificada e normatizada na qual cada procedimento tem valor definido. Ainda é uma profissão dramática, como o jornalismo ainda é uma profissão interessante. Mas ambos, médico e jornalista, perderam a aura. Os médicos já não são heróis de novelas de detetives. São protagonistas de equipes superestressadas do *Catch-22* ou de seriados de TV.

E os jornalistas? O que aconteceu com os jornalistas? Aparentemente, a revolução nos meios tecnológicos à nossa disposição parece ter alterado pouco o ofício do jornalista. Menos do que as mudanças trazidas pela invenção da estenografia, que deu origem à reportagem política dos debates parlamentares, ou pelo telégrafo, que determinou o estilo "objetivo" do jornalismo noticioso de poucas palavras. Aparentemente, nem mesmo a penetração da comunicação em todas as esferas e interstícios da vida mudou o caráter do jornalismo como uma forma pessoal de expressão. Ao contrário, ele ganhou novos espaços na internet para a expressão pessoal e libertária do jornalista. Mas nas empresas jornalísticas, o fazer tornou-se mais importante que o saber fazer. A quantidade tornou-se o critério da aprovação do trabalho, e as pautas deixaram de ser um exercício de criatividade para se tornar uma

9. FOUCAULT, Michel. *O nascimento da clínica*. Rio de Janeiro, Forense, 1994; e *Microfísica do poder*. Rio de Janeiro, Graal, 1979.
10. DONNAGELO, Maria C. *Medicina e sociedade*. São Paulo, Pioneira, 1975.

ordem de trabalho. O jornalista comum, hoje, é um trabalhador de uma linha de montagem, cuja esteira corre com velocidade cada vez maior, não deixando tempo nenhum para a individuação. Logo que pode, ele larga a profissão.

O jornalismo é hoje uma profissão de passagem, da qual a maioria procura fugir logo que consegue emprego mais bem remunerado, menos estafante e menos controlado. Foi o caminho seguido pelo Alcides e muitos outros de meus alunos. Hoje, o Alcides é executivo de banco. Não se encantou com seu próprio talento de escritor. Tinha o jornalismo no sangue. Tinha a vocação, mas os tempos são outros; não foram feitos para o jornalismo como vocação.

Bibliografia

BELLOCH, Santiago. *El asalto a la cultura democrática*. Barcelona, Ediciones B., 2003.

BELTRÃO, Luiz. *Iniciação à filosofia do jornalismo*. São Paulo, Edusp, 1992.

DONNAGELO, Maria C. *Medicina e sociedade*. São Paulo, Pioneira, 1975.

FOUCAULT, Michel. *O nascimento da clínica*. Rio de Janeiro, Forense, 1994.

______. *Microfísica do poder*. Rio de Janeiro, Graal, 1979.

SAMPSON, Anthony. *Anatomy of Britain Today*. London, Book Club Associates, 1969 (1ª ed. em 1965).

SUASSUNA, Luciano. *O repórter e o poder*. São Paulo, Alegro, 1998.

TALESE, Gay. *O reino e o poder. Uma história do* New York Times. São Paulo, Cia. das Letras, 2000.

RIBEIRO, José Hamilton. *Jornalistas, de 1937 a 1997*. São Paulo, Imprensa Oficial, 1998.

WEBER, Max. *A política como vocação*. Brasília, Ed. UnB, 2003.

III
O discurso

Do discurso da ditadura à ditadura do discurso

Dez paradoxos do jornalismo neoliberal

Texto expandido a partir de um artigo escrito para o II Fórum Social Mundial e publicado em sua primeira versão em *Cadernos Le Monde Diplomatique*, nº 3, jan. 2002.

Nunca houve tanta falta de pluralismo na mídia brasileira como nos tempos atuais de hegemonia do neoliberalismo. Trata-se de um paradoxo, porque o ideário liberal concebe a sociedade como contendo uma grande diversidade de idéias, práticas e interesses, e essa diversidade é saudável e deve ser valorizada[1]. O neoliberalismo dá importância fundamental ao que chama de "mercado de idéias", o intercâmbio livre de idéias e propostas controversas, como melhor meio de se chegar às soluções mais justas e eficazes para o conjunto da sociedade[2].

1. Daí a proposta de John Locke de que o Estado liberal deve governar por consenso. O consenso é necessário porque as idéias são discrepantes.
2. Ver, entre outros, STUART MILL, John, "A liberdade de pensamento e de discussão" (In: *Da liberdade*. São Paulo, Ibrasa, 1963). Diz ele: "A completa liberdade de contradição e desaprovação da nossa opinião é a condição única que nos justifica a supô-la verdadeira para fins de ação" (*op. cit.*, p. 23).

Mas não é essa a concepção editorial da mídia brasileira. Esse é o nosso *primeiro paradoxo*. Não há mercado de idéias no jornalismo neoliberal brasileiro. No espaço midiático em que deveria acontecer esse processo de intercâmbio de idéias, deu-se no Brasil a uniformização ideológica.

Já não há no Brasil nem mesmo diários mais "católicos", ou mais "laicos", como havia antigamente, ou mais conservadores e menos conservadores, mais nacionalistas e menos nacionalistas. São todos igualmente conservadores e neoliberais[3]. Não pode haver confronto de idéias se todos os jornais compartilham um *pensamento único*, nas palavras do sociólogo José Luís Fiori.

Os estudiosos do nosso jornalismo chegaram a cunhar uma expressão para designar a uniformidade de todos os jornais na era neoliberal: a *mesmice jornalística*. Os jornais de referência nacional se tornaram tão parecidos que é comum confundir um com o outro nas bancas de revistas. Trazem as mesmas manchetes, as mesmas fotos, dispostas da mesma forma, e os mesmos nomes de colunistas.

Um pequeno grupo de jornalistas que se destacam da massa do reportariado dão o tom da cobertura de todos os jornais, de Norte a Sul, nas capitais e nas pequenas cidades. Esse tipo de jornalista passou a existir em todos os países em que penetrou o neoliberalismo e foi mesmo um instrumento de sua penetração. Na França, um estudioso os chamou de "cães de guarda" do neoliberalismo[4]. Prefiro chamá-los de "grifes" jornalísticas, devido à forma pela qual operam no Brasil. Em geral, organizam-se como microempresas jornalísticas que mantêm contratos de prestação de serviços com jornais, emissoras de TV e de rádio. Vendem o prestígio de seu nome, uma marca, uma "grife". Suas colunas assinadas nos quatro jornais de prestígio do eixo Rio–São Paulo (*Folha de S.Paulo*, *O Estado de S. Paulo*, *Jornal do Brasil* e *O Globo*) são reproduzidas em jornais das outras capitais e cidades do interior;

---

3. No Brasil circulam cinco jornais de referência nacional que exercem papel crucial na definição da agenda nacional e são todos conservadores e geridos como propriedade familiar: *O Globo*, *Jornal do Brasil*, *O Estado de S. Paulo*, *Folha de S.Paulo* e *Gazeta Mercantil*. Há mais três jornais de grande circulação ou importância, mas sem o mesmo impacto nacional, e igualmente conservadores: *Zero Hora*, de Porto Alegre, *Correio Braziliense*, de Brasília, e *O Dia*, do Rio de Janeiro. Esses oito jornais somam 40% da circulação de todos os diários brasileiros, que é de cerca de 8 milhões de exemplares.

4. Trata-se de um uso irônico da definição do jornalismo como o cão de guarda (*watchdog*) da sociedade, muito popular nos Estados Unidos. O autor é Serge Halime (*Os novos cães de guarda*. Petrópolis, Vozes, 1998).

podemos ouvi-los na rádio CBN várias vezes por dia; à noite aparecem nos noticiários da TV. Sem deixar de se vincular de modo preferencial a um ou dois veículos também preferenciais no panorama da comunicação, trabalham em seus escritórios, e não nas redações desses veículos. Alguns empregam outros jornalistas, anônimos, para fazer suas pesquisas. Mandam seus despachos radiofônicos por telefone ou *e-mail*, em geral sob uma rubrica reforçadora da "grife", tipo "Espaço Aberto", de Fulano de Tal, ou "O Dia na Economia", de Sicrano, ou "A Economia Passada a Limpo", de Beltrano.

O jornalista "grife" típico é um híbrido de jornalista, intelectual orgânico do neoliberalismo e artista. Graças à notoriedade adquirida na TV, recebe cachês de artista, inclusive para aparições em convenções e ciclos de conferências de empresários. Além de seus artigos e aparições na mídia, ocupam postos em conselhos dirigentes dos meios de comunicação. Ajudam a formular as políticas neoliberais que depois defenderão na mídia.

O que explica a descomunal ocupação dos espaços da mídia por essa elite de "grifes jornalísticas" é sua adesão coletiva aos pressupostos do neoliberalismo. É notável a sistemática sustentação, por esses jornalistas, das políticas públicas propostas pelas elites durante esta fase histórica crucial de implantação do projeto neoliberal. Ocorre que se deu um processo de seleção natural pelo qual os jornalistas que já tinham prestígio, mas não aderiram ao projeto neoliberal, foram sendo alijados dos melhores espaços, especialmente da televisão e das mesas-redondas, apesar de alguns ainda manterem colunas em jornais. Esses espaços foram paulatinamente sendo realocados. Assim, os jornalistas com mais espaço na mídia, as verdadeiras "grifes" jornalísticas, são também os que apóiam o projeto neoliberal.

No Brasil, o consenso proposto pelo ideário liberal não precisa ser produzido ao longo de um complexo processo midiático de debate argumentativo. Ele já nasce pronto e acabado, nas matrizes dos jornais e das revistas semanais. A ideologia de todos os veículos da grande imprensa brasileira possui o mesmo código genético. Não há jornais de esquerda, nem jornais alternativos[5].

5. Há uma única revista alternativa de projeção nacional, *Caros Amigos*, mas sua capacidade de intervenção é restrita, tanto por sua periodicidade mensal como por sua tiragem, da

A fala uniforme dos jornais serve de base documental para a pauta das emissoras de rádio e TV, surgindo então o discurso midiático único, que prega a necessidade, a inevitabilidade e a naturalidade das soluções neoliberais, tais como a privatização dos serviços públicos, o arrocho dos gastos públicos, a desregulamentação das leis trabalhistas e dos movimentos de capitais.

Caímos na *ditadura do discurso único*, expressão cunhada pelo insuspeito ministro da economia na época da ditadura, e hoje deputado federal, Delfim Netto. De formação neokeneysiana, até mesmo Delfim Netto espantou-se com a atual falta de pluralismo na mídia brasileira. De fato, nem mesmo durante os 15 anos de ditadura militar, quando Delfim reinava como "czar da economia", havia tal unanimidade. *Esse é o segundo paradoxo*: temos menos pluralismo na democracia do que tínhamos na ditadura.

Havia, durante a ditadura, uma pujante imprensa alternativa, incluindo vários semanários de circulação nacional, alguns deles, como *Pasquim*, *Opinião* e *Movimento*, extremamente críticos. Os próprios jornais alternativos, embora unidos na oposição à ditadura, eram muito diferentes entre si. Havia jornais anarquistas e marxistas, nacionalistas e internacionalistas, católicos e feministas[6].

Mesmo a imprensa convencional, que manteve com a ditadura uma relação em geral complacente, divergia de determinadas políticas adotadas pelos militares e, nesses casos, as criticava pesadamente. Foram assim a crítica às políticas agrícolas, que levou à queda de um ministro, a crítica ao AI-5, em 1969, e a crítica ao programa nuclear brasileiro, em 1975. Durante os primeiros anos da ditadura até fins de 1968, revistas convencionais como *Visão* e *Veja* expressavam visões bem diferentes do mundo e dos problemas brasileiros. Havia jornais sobreviventes da era populista, como *Última Hora*, e um bravo jornal de uma família tradicional, *Correio da Manhã*, que criticavam feroz-

---

ordem de 50 mil exemplares apenas. Entre as revistas semanais que têm grande importância no Brasil, apenas *Carta Capital* faz a crítica do neoliberalismo, mas sua tiragem é de apenas cerca de 70 mil exemplares e suas críticas são pontuais, discutindo os problemas da economia globalizada sem necessariamente contrariar seus leitores, em sua maioria vinculados ao mundo dos negócios. Em contraste, as revistas semanais *Veja*, *Época* e *IstoÉ*, iguais na defesa do neoliberalismo, vendem cerca de 2 milhões de exemplares.

6. Foram mais de 120 os jornais alternativos dos anos 1970, dos quais oito de circulação nacional.

mente os militares, ambos fechados *manu militari* por ações de empastelamento e de estrangulamento econômico.

A diversidade e a crítica, mesmo durante a ditadura, expressavam as contradições de um regime autoritário, numa época em que ainda havia facções bem demarcadas da burguesia e com interesses conflitantes. O neoliberalismo fundiu todas as frações da burguesia numa grande e única metafísica do negócio, num capitalismo global e único.

No período mais negro da ditadura, entre 1969 e 1974, alguns jornais alternativos mais combativos chegaram a ser submetidos a censura prévia. E mesmo assim mantiveram suas posturas críticas. Até mesmo quatro jornais convencionais e uma revista também convencional foram submetidos a censura prévia durante algum tempo[7]. Na era neoliberal, não é preciso limitar a crítica dos jornais à força e nem empastelar redações, porque nenhum jornal adota linha editorial crítica. Este é o *terceiro paradoxo*: o advento da democracia, em vez de abrir mais interfaces de conflito entre o jornalismo e o Estado e aumentar o espaço e a profundidade da crítica, tornou-a ainda mais superficial. No neoliberalismo, a mídia brasileira ficou marcada pelo jornalismo meramente denuncista, que faz a denúncia da corrupção a partir de uma posição moralista, mas sem estabelecer os vínculos entre a corrupção e o modo de implantação do neoliberalismo.

O que mais impressiona no panorama midiático brasileiro da era neoliberal é o contraste entre a crescente polarização da sociedade e ausência de qualquer polarização ideológica entre os veículos de comunicação de massa. Esse é o nosso *quarto paradoxo*: o de uma mídia uniformemente conservadora, numa sociedade claramente polarizada. Na era neoliberal, aprofundaram-se as diferenças sociais no Brasil e a miséria assumiu escala maciça. Os ricos ficaram ainda mais ricos e os pobres mais vulneráveis e expostos a condições ainda mais precárias de vida e a uma crescente violência urbana[8]. Nessas condições, a vida

---

7. Os jornais foram *O Estado de S. Paulo, Jornal da Tarde, Tribuna da Imprensa* e *Notícias* (de Manaus); a revista foi *Veja* e os alternativos mais duramente censurados foram *Opinião, Pasquim, Movimento* e *O São Paulo.*

8. O desemprego, que antes da era neoliberal oscilava em torno de 8% da força de trabalho, hoje oscila em torno dos 18%; a miséria atualmente atinge cerca de 40 milhões de brasileiros, e a falta de habitação amarga a vida de cerca de 5 milhões de famílias; o narcotráfico, alimentando-se no desemprego, domina amplas áreas das regiões metropolitanas do Rio de Janeiro e de São Paulo.

política no Brasil tornou-se extremamente polarizada e fundada em conflitos sociais reais. Por isso, nasceu no Brasil o maior partido de esquerda da América Latina e um dos maiores do mundo, o Partido dos Trabalhadores (PT). E também um dos maiores movimentos sociais do mundo, o Movimento dos Trabalhadores Rurais Sem Terra (MST), com quase 200 mil militantes e mais de uma centena de acampamentos espalhados pelo país. Nas três campanhas presidenciais que ocorreram depois da instauração da democracia, houve alternativas reais à escolha do eleitor, de um lado candidatos de direita, defendendo o neoliberalismo, e, de outro, candidatos de oposição à globalização de cunho neoliberal. No entanto, a mídia assumiu em todas essas campanhas a defesa ativa das candidaturas neoliberais.

No neoliberalismo, o estresse tornou-se a doença ocupacional típica do jovem jornalista. Os jovens jornalistas de hoje sofrem muito mais do que sofríamos no passado do mal da censura interna, da restrição às liberdades de crítica e expressão e de criação, apesar de compartilharem os valores do neoliberalismo. Trata-se de uma contradição profunda, porque os jovens jornalistas compartilham os valores do neoliberalismo, tais como o sucesso pessoal, o individualismo, o espírito de competição e o relativo descaso pelos problemas sociais. Mas sua aplicação pelos patrões como modo de controle das redações voltou-se contra os próprios jornalistas. Um padrão mais autoritário do que nunca, que se vale da ameaça de demissões, marca hoje as relações funcionais nas redações, atingindo até mesmo as relações interpessoais. A rotatividade nas redações chega a 30% ao ano, e grande parte dos jornalistas abandona a profissão antes de completar dez anos de ofício[9]. A ética jornalística desapareceu das redações e a supressão das liberdades de informar se banalizou como condição natural. O jornalista jovem é hoje, entre todos os brasileiros, o que mais se identifica com o neoliberalismo e, no entanto, o mais estressado pelos processos de alienação no ambiente de trabalho. Esse é o nosso *quinto paradoxo*.

9. A expressão "passaralho", resultado da fusão de duas palavras, designa processos de demissão em massa, que ocorrem regularmente nas redações brasileiras cada vez que há uma retração no mercado. O último, ocorrido no segundo semestre de 2001, levou à demissão de 50 jornalistas de *O Estado de S. Paulo*, 50 da *Folha*, mais de 100 da *Gazeta Mercantil* e 500 da Editora Abril.

Durante a transição da ditadura para a democracia, e justamente para manter o controle dessa transição e da própria democracia resultante, deu-se uma concentração das concessões de canais de rádio e TV em poucas mãos. Na esfera nacional, como mostram os estudos da Federação Nacional dos Jornalistas Profissionais (Fenaj) e de Daniel Herz, um único grupo de TV, o grupo Globo, passou a controlar até 70% da audiência, com poder monopolista capaz de configurar o imaginário popular, e exerceu despudoradamente esse poder nas três campanhas presidenciais da era democrática. Em âmbito regional, um único grupo local, ou algumas vezes dois grupos, passaram a deter o controle de toda a mídia local, inclusive jornais, rádio e TV. Na região Sul do Brasil, que abrange três estados, um único grupo, o RBS, possui mais de 40 empresas de comunicação, fatura 1 bilhão de reais por ano e tem o domínio de virtualmente 80% da audiência de rádio e de TV e da circulação dos jornais. Esse é o *sexto paradoxo*, o da concentração monopolista, que viola as leis antimonopólio e a idéia da competição, tão cara ao ideário neoliberal. Enquanto uma fábrica de sabonetes, pelas leis antimonopolistas, não pode ter mais de 40% do mercado, as empresas de comunicação de massa, cruciais na formação da democracia no Brasil, violam tranqüilamente a lei e chegam a altas concentrações de mercado[10].

No jornalismo neoliberal, a mídia fala em nome do interesse público, mas serve ao interesse privado. Esse é o nosso *sétimo paradoxo*. À privatização do Estado correspondeu a privatização das concessões de rádio e de TV. O processo deu-se no bojo da concentração das emissoras de rádio e de TV em poucas mãos; só que essas mãos foram, em sua maioria, as de políticos conservadores. No Brasil da era neoliberal, 31,2% das emissoras de rádio e de TV são controladas por políticos conservadores. Em alguns estados, um único chefe político tem o controle da quase totalidade das emissoras[11]. Em contraste, associações

10. O parágrafo 5º do artigo 220 da Constituição Brasileira de 1988 diz que "os meios de comunicação social não podem, direta ou indiretamente, ser objeto de monopólio ou oligopólio". Mas a Rede Globo tem participação societária em 32 emissoras de TV e 20 de rádio, além de centenas de retransmissoras de TV, jornais e editoras de revistas; o Grupo Saad (rede Bandeirantes) participa em 12 emissoras de TV e 21 de rádio; o grupo SBT tem 10 emissoras de TV; o grupo RBS tem 20 emissoras de TV e 20 de rádio. Cf. LIMA, Venício. *Mídia, teoria e política*. São Paulo, Editora Fundação Perseu Abramo, 2001.

11. É o caso do ex-presidente Sarney, cuja família controla cerca de 15 emissoras de rádio e de TV no Maranhão. Entre os congressistas brasileiros, 21% são proprietários de rádio ou TV, todos de partidos conservadores. Cf. LIMA, *op. cit.*

populares e sindicatos nunca receberam uma concessão de rádio. As concessões são usadas pelos políticos conservadores com o objetivo explícito de manter estruturas locais de poder fundadas no clientelismo e na corrupção. Apesar de defender a atuação de agências reguladoras para substituir a atuação direta do Estado, o neoliberalismo resistiu o quanto pôde à instalação do Conselho de Comunicação Social, que deveria ser a agência reguladora da concessão e da programação.

O apoio das empresas de comunicação ao projeto neoliberal supera o grau de apoio dado pelas mesmas empresas ao projeto desenvolvimentista da ditadura militar que gerou o "milagre econômico" de 1968 a 1972. O milagre se caracterizou por um crescimento extraordinário do PIB (Produto Interno Bruto) e, portanto, da renda nacional a taxas de 10% ao ano em média, durante cinco anos seguidos, enquanto o projeto neoliberal trouxe a estagnação econômica durante quase duas décadas, triplicou a escala do desemprego e massificou a miséria e a exclusão, estancando o universo de leitores. *Exclusão social* é outra expressão demarcadora da sociedade periférica na era neoliberal. Como se explica que empresas de comunicação de massa, que prosperam quando a renda aumenta e entram em crise quando a miséria toma conta, apóiem o projeto neoliberal? Esse é o *oitavo paradoxo*. A indústria de comunicação de massa está em profunda crise no Brasil, com a queda nas tiragens dos jornais e revistas e queda na publicidade, fortemente endividada pelo estreitamento do mercado e pela invasão das multinacionais, mas ainda assim apóia entusiasticamente o projeto neoliberal.

O apoio total das empresas de comunicação de massa ao neoliberalismo foi determinado pelo interesse negocista desse setor nas privatizações das telecomunicações e nas concessões de novas freqüências de transmissão de rádio e de TV e de áreas de exploração de TV a cabo. O neoliberalismo fragmentou o sistema Telebrás em empresas regionais que foram entregues a grupos privados interessados em reorientar suas estratégias de expansão, centradas agora nas telecomunicações. Assim se articulou, em torno da reestruturação da indústria das telecomunicações, o apoio acrítico da mídia ao neoliberalismo.

Para operar essa reestruturação, os grupos empresariais de comunicações colocaram como objetivo imediato associar-se com capitais estrangeiros, aceitando a condição de subordinação aos grandes grupos globais de mídia. Por isso, cobraram do Parlamento a derrubada do limite de 20% à participação do capital estrangeiro na mídia, assim como a restrição ao controle por parte de pessoas jurídicas. Esse é o *nono paradoxo*: as empresas brasileiras de comunicação de massa planejam sua própria absorção pelos grandes grupos globais de comunicação. É o suicídio empresarial de uma burguesia congenitamente entreguista e subserviente. É também o suicídio cultural da comunicação de massa brasileira.

Nosso *último paradoxo* é de caráter mais geral: o contraste entre a hegemonia completa do projeto neoliberal na mídia brasileira e a ausência de padrões dominantes para todos os demais aspectos da vida brasileira tratados pela mesma mídia. A mídia celebra o advento da era pós-moderna como a morte das metanarrativas e o fim da história. Celebra a ausência de padrões dominantes nas artes, nos hábitos, na religião, na constituição da família e na sexualidade. Propõe a era da convivência dos contrários, da tolerância ética, enfim, do pluralismo em todas as suas formas. Menos no modelo econômico: nesse, o neoliberalismo se coloca como a derradeira metanarrativa. Não tolera a divergência, não admite valores que não sejam os seus. Desclassifica todos os que dele divergem, chamando-os de "dinossauros".

Bibliografia

BOLAÑO, César. "A reforma das telecomunicações do governo FHC". *Mídia e Sociedade*, São Paulo, Ano VIII, nº 15, p. 25-34.

HERZ, Daniel. "Propostas de uma política nacional de telecomunicações para o Brasil". *Comunicação e Política*, nº 9, Rio de Janeiro, 1989.

HALIME, Sérgio. *Os novos cães de guarda*. Petrópolis, Vozes, 1998.

LIMA, Venício A. de. *Mídia, teoria e política*. São Paulo, Editora Fundação Perseu Abramo, 2001.

LOCKE, John. *Segundo tratado sobre o governo*. São Paulo, Abril Cultural, 1973.

MILL, John Stuart. *Da liberdade*. São Paulo, Ibrasa, 1963.

TUCHMAN, G . *Making News*. New York, Free Press, 1983.

Falácias do jornalismo econômico na era neoliberal

Texto elaborado a partir de notas da intervenção no painel "Jornalismo econômico através das assessorias de imprensa", do VII Seminário de Comunicação do Banco do Brasil, realizado em novembro de 2002.

Como nasce a notícia de economia?

O critério principal de seleção e edição dos fatos que se tornarão notícia deveria ser o do interesse público: a informação será tanto mais importante para um veículo quanto mais puder afetar seu universo de leitores[1]. Mas não é isso o que vem acontecendo com as notícias sobre economia desde que se implantou em nosso país o modelo chamado "neoliberal". Apesar de ocuparem o centro do noticiário e de funcionarem até mesmo como organizadoras de toda pauta jornalística, as notí-

1. Não é, portanto, um critério metafísico. Depende da composição mais ou menos elitista dos leitores e da importância dos personagens objeto da notícia, entre outros fatores. Mas o interesse público opera como uma referência idealizada e legitimadora do processo de seleção das informações que se tornarão notícia. Ver uma das mais recentes súmulas sobre notícia em *Teorias da notícia e do jornalismo*, de Jorge Pedro Souza (Chapecó, Ed. Argus, 2002).

cias sobre economia não vêm sendo escolhidas ou tratadas nos jornais de referência nacional pelo critério do interesse público. O único critério adotado é o dos interesses do capital financeiro. O jornalismo econômico na era neoliberal funcionou como um discurso instituidor de uma nova ordem[2].

Sabemos por observação empírica que, atualmente, boa parte do noticiário econômico é definida a partir de *eventos de comunicação* programados pelos próprios agentes econômicos, especialmente bancos e corretoras, além de grandes empresas e governos. São almoços e coletivas com a imprensa, seminários, distribuição de relatórios e *press releases*. Especialmente na era neoliberal, os prognósticos de taxas de câmbio ou de juros, ou de inflação, são produzidos regularmente como se fossem a previsão do tempo pelos departamentos de análise dos bancos e corretoras.

É assim também que se geram quase todas as notícias referentes a novos projetos de investimentos, tendências da economia e os importantes relatórios anuais do Banco Mundial ou do Fundo Monetário Internacional (FMI). É assim que saem os dados de emprego e desemprego do sistema DIEESE/SEADE, os dados trimestrais do Produto Interno Bruto (PIB) e da produção industrial do Instituto Brasileiro de Geografia e Estatística (IBGE), os dados de conjuntura da Confederação Nacional da Indústria (CNI), da Federação das Indústrias do Estado de São Paulo (FIESP) e da indústria automobilística, e os dados do Banco Central sobre o desempenho das contas públicas, especialmente da dívida pública e do déficit público. Mas, para comentar esses prognósticos da era neoliberal, são convidados invariavelmente os mesmos analistas de mercado que produziram esses dados e seus colegas *yuppies* que passaram o dia jogando na Bolsa ou nas mesas de câmbio.

Tudo isso seria muito natural porque a economia não é um fato, um acontecimento extraordinário, uma anomalia – a economia é um processo. Para que seja objeto da notícia jornalística, é preciso fazer cortes nesse processo e apresentá-lo aos pedaços, como se fossem fatos isolados. "O PIB cresceu tanto", diz a manchete garrafal, de pri-

2. No sentido concebido inicialmente por Michel Foucault como o processo social de concepção e reprodução de sentido e sua manifestação escrita ou falada.

meira página, como se fosse um fato. Nem foi um fato e nem era novidade, era um processo que vinha de meses e todos já o sentiam em seu dia-a-dia. Foi preciso elaborar um comunicado à imprensa, chamar os jornalistas, fechar as contas num determinado dia e apresentar essa conta como se fosse um fato para que essa informação virasse notícia.

Mas nem todos os cortes, nem todas as contas viram notícia. A condição é necessária, mas não é suficiente. Continuamos com a mesma interrogação: por que certos eventos de comunicação se tornam notícia para o jornalismo econômico e outros não? O processo jornalístico vai selecionar alguns deles e descartar outros. Um dos exemplos mais interessantes de um tema favorito nas manchetes do neoliberalismo e que não tem o menor interesse público é o chamado "déficit público".

A falácia do déficit público

O nosso mais tradicional diário, *O Estado de S. Paulo*, dedica uma em cada cinco manchetes a uma construção teórica chamada "déficit público". Nas manchetes do *Estadão*, o destino do país depende exclusivamente de seu sucesso em reduzir o déficit público. Eis que, de repente, o Banco Central candidamente espalhou a informação de que o déficit público brasileiro é definido de modo diferente do que se faz em outros países e que, se for definido conforme as regras internacionalmente aceitas, ele cairá à metade, de 7% do PIB para menos de 3,5%. O Banco Central revelou isso porque sua prioridade, no final do governo Fernando Henrique Cardoso, passou a ser maquiar as contas nacionais, tendo em vista marcar um fim menos inglório aos oito anos de ciclo neoliberal fernando-henriquista.

Nenhum jornalista percebeu as implicações formais e substantivas dessa informação. Se ela é correta, significa que o déficit público é de fato uma construção arbitrária, um recorte ideológico das contas nacionais, e que todas as dramáticas manchetes de página inteira do *Estadão* sobre aumentos ou quedas do déficit público eram enganosas. Eram a dramatização de um objeto que pode ter menos da metade do tamanho a ele antes atribuído. Do ponto de vista substantivo, significa que a cruel política de arrocho do Banco Central tinha como baliza um referencial falso[3]. Na verdade, o conceito de déficit público foi criado apenas como mecanismo ideológico – e midiático – de persuasão da opinião pública, para convencê-la de que apertar o cinto é necessário para diminuir o déficit público, o que corrobora a tese de que a economia como ciência social é condicionada pelo objetivo do convencimento, da persuasão, num ambiente de inevitável conflito de interesses. Predomina nesse exercício o interesse das classes dominantes. O paradoxo do jornalismo econômico está em que, como jornalismo, ele deveria se colocar no campo dos interesses da maioria da população (o interesse público), mas, como instrumento do neoliberalismo e integrante de seu conglomerado ideológico, acaba por se colocar sempre a serviço dos interesses do capital financeiro.

Essa distorção se comprova por alguns detalhes mais chocantes da construção ideológica chamada "déficit público", feita sob medida para enquadrar uma economia periférica: se uma estatal brasileira perfeitamente sólida e lucrativa como a Petrobras investir seu próprio capital na construção de uma nova refinaria, esse gasto será computado como despesa na matriz de nosso muito especial "déficit público"; mas, se essa mesma empresa decidir vender uma subsidiária, a venda não será computada como receita na matriz do déficit público.

A quem interessa acompanhar tão de perto uma categoria tão difusa e tão distante do dia-a-dia da população? Somente a quem a inventou: os banqueiros que agitam a bandeira do déficit público como forma de forçar o governo a economizar o suficiente para pagar os juros exorbitantes de sua dívida; o FMI, que representa o conjunto dos interesses do capital financeiro; e o ministro da Fazenda de Fernando Henrique, Pedro Malan, fiscal desse tipo de política. Os leitores dessas manchetes são os próprios protagonistas das decisões objeto das manchetes.

Nesse tipo de neojornalismo, não há um público leitor autônomo e nem interesses sociais. O jornal dialoga apenas com a elite que protagoniza suas notícias, e seu jornalismo se torna auto-referente. O critério de seleção e destaque da matéria jornalística não é o interesse

3. Essa construção tem por objetivo escamotear a fenomenologia do processo: o enorme sacrifício da sociedade, que vem pagando impostos pesados, que já chegam a 35% do PIB, enquanto o Estado corta gastos sociais e direciona esses recursos para pagar juros da dívida pública. Teoricamente também o noticiário é falacioso ao tentar culpar gastos públicos pela inflação. É possível ao Estado operar grandes déficits públicos sem causar inflação, se a economia está abaixo do pleno emprego, como vem sendo o caso da economia brasileira.

público, e sim o interesse da fração dominante do poder, o capital financeiro, os bancos.

Um país ou uma taxa de risco?

Um dos últimos exemplos do uso ideológico do jornalismo econômico é a criação de um novo índice, chamado "risco-país", no noticiário da crise argentina. A crise é profunda, especialmente na esfera social. O desemprego e a miséria disseminam-se pela Argentina. Mas todo o noticiário da crise está centrado não na economia argentina ou em seu povo, e sim num índice definido a partir de negociações financeiras que se dão em geral bem longe da Argentina.

Esse índice, "risco-Argentina", é baseado na diferença entre os juros que remuneram um título de dívida argentina e os que remuneram títulos do Tesouro norte-americano. Foi criado por um dos bancos credores da Argentina, gradativamente adotado por outros bancos e depois pela imprensa em geral[4]. É mais uma construção arbitrária inventada pelos operadores de bancos para sua própria referência. Para o povo argentino é uma abstração. Como essa diferença de juros varia todos os dias, propicia a cada dia uma nova manchete: "Risco-Argentina atinge novo recorde" ou "Caiu o risco-Argentina".

O indicador "risco-Argentina" tornou-se desde agosto de 2002 um tema autônomo do noticiário, depois virou o tema principal e, finalmente, a referência dominante, o fio condutor de quase todas as reportagens sobre a crise argentina. Tornou-se o ícone desta crise e o único critério de julgamento de seu agravamento ou não.

Em sua esteira, surgiram outros ícones, outros indicadores de "risco-país", mas apenas para países periféricos. Hoje existem indicadores de "risco-Brasil", "risco-Turquia", "risco-Nigéria". E uma nova tabelinha com as classificações desses "riscos-país" começou a aparecer desde

4. O indicador risco-Argentina foi criado por J. P. Morgan. Ele mede a diferença entre os juros que rendem um título da dívida Argentina e um título do Tesouro norte-americano de mesmo prazo. Como os títulos são transacionados com um desconto sobre seu valor de face que varia de um dia para o outro, o juro que teoricamente seria recebido também varia. Assim, se um título de valor de face de 100 dólares e que rende juros de 8% ao ano for vendido por apenas 50 dólares, estará rendendo juros efetivos de 16%. Se nesse mesmo dia um título norte-americano estiver sendo vendido sem desconto e seu juro for 4% ao ano, o risco-Argentina nesse dia será 16 - 4, ou 12. O indicador recebe mais dois zeros para efeito de visualização das pequenas oscilações e fica, então, em 1.200 pontos.

o início de novembro nos principais diários. Mas não existe indicador de "risco-Estados Unidos", nem mesmo depois dos atentados de 11 de setembro de 2001.

O mercado como sujeito

No neoliberalismo, o mercado é a categoria suprema. Um dos primeiros exercícios semânticos do discurso neoliberal foi o de suprimir a palavra Estado ao se referir a países periféricos. Em vez de "países em desenvolvimento", passou a falar em "mercados emergentes". A soberania passa a ser do mercado[5]. Não é mais do país, muito menos de seu povo. Sai Rousseau, entra George Soros.

O fenômeno da substituição de países e povos por taxas de risco do capital especulativo acentuou-se há cerca de dois anos, quando os cadernos de economia passaram a publicar todos os dias, com destaque crescente, os índices de fechamento das principais bolsas de valores do mundo. Graças à facilidade dos infográficos, logo surgiu um mapa-múndi diário com as variações dos índices das bolsas.

Nos dias de maior variação, os índices antes publicados em cadernos internos, compulsados apenas por especialistas, viraram manchete de primeira página. De manchetes ocasionais, evoluíram para o papel de fio condutor das narrativas do jornalismo econômico.

Rito de mercado e rito de fechamento

Os editores descobriram que o rito diário de fechamento das bolsas era muito adequado ao rito diário de fechamento dos jornais. Criou-se um ritual no noticiário econômico baseado nos fechamentos diários desses mercados. Todos os dias as bolsas sobem ou caem. Raramente ficam estáveis. Isso garante a manchete. Praticamente todo dia é possível elaborar uma manchete em torno do comportamento das bolsas e a partir dela montar a narrativa econômica do dia.

Como é construída essa narrativa? Com a manchete como núcleo da narrativa, são aventadas as razões para a queda ou a alta da bolsa.

5. A linguagem funciona nesse caso como um ato falho freudiano, revelando sentimentos ocultos.

Essas supostas razões nada mais são do que os demais fatos jornalísticos do dia. A notícia da queda ou da alta da bolsa passa a amarrar o conjunto de fatos que precisam ser reportados, a conduzir o noticiário. Assim, num determinado dia, a queda da bolsa é atribuída ao anúncio de que uma determinada empresa revelou lucros menores no trimestre, ou de que caíram as vendas de automóveis nos Estados Unidos, ou de que desabou o preço do barril de petróleo tipo Brent. A maioria das ilações e atribuições de causalidade nesse tipo de narrativa são "chutes", como se diz no jargão jornalístico. Ou pura especulação. A relação de causalidade pode muito bem ser inversa à reportada. A queda do preço do petróleo poderia ser atribuída à queda da bolsa ou das vendas de automóveis, e não o contrário.

Na narrativa do neojornalismo, as interpretações são invariavelmente atribuídas ao "mercado". Em geral, esse "mercado" é um analista de banco ou um especulador da bolsa, única e interessada fonte do jovem repórter. Mas, nas manchetes, o "mercado" aparece como um *Big Brother* onisciente que pensa, age e fala. "O mercado vê calote no plano argentino", proclama a manchete de primeira página da *Folha*. "O mercado é a força da Nação", diz outra manchete, essa do *Jornal do Brasil*. A mais emblemática manchete do neojornalismo ainda é esta da *Folha*, inspirada numa reportagem do *Financial Times*: "O mercado convoca governo para a guerra". O mercado passa a ser referido no noticiário diário como uma divindade grega, que tem certos atributos permanentes, mas é muito temperamental e precisa ser tratada com cuidado extremo[6].

O noticiário econômico como uma nova guerra fria

Noam Chomsky, famoso lingüista norte-americano e também crítico dos meios de comunicação de seu país, delineou uma "teoria dos filtros" segundo a qual a informação na imprensa norte-americana era filtrada e enviesada por vários mecanismos. O principal deles era o que Chomsky chamou de "ideologia da guerra fria". Entre os outros, estavam a origem social elitista da maioria dos jornalistas, a influên-

6. "O dólar mercado está estressado"; "o mercado reagiu com pessimismo ao discurso do ministro"; essas são algumas expressões comuns no jornalismo da era neoliberal.

cia da publicidade e o preço cobrado pelas fontes de informação do governo.

O que nos interessa em especial é o filtro da ideologia da guerra fria, porque acredito que um mecanismo semelhante é o filtro principal do noticiário econômico hoje no Brasil neoliberal. No que consiste um filtro tipo "guerra fria"? Em condicionar todo o noticiário aos seus efeitos numa luta maior entre o bem o mal. Se a notícia favorecer esse grande "mal", previamente definido, ela é reprimida, espremida, no limite até suprimida. Nesse mecanismo, o jornalismo paga um preço muito alto, porque o mérito das questões é sacrificado em nome do combate ao grande "mal". Num jornalismo tipo "guerra fria", uma lógica maior, de combate, sobredetermina todos os tratamentos da informação.

Sustento, neste seminário, que uma lógica maior, excludente, que não quer explicar e sim persuadir, comanda hoje todo o noticiário econômico. E para que não me julguem um exagerado, dou logo um exemplo extremo: o do apagão elétrico. Durante oito anos, o setor elétrico brasileiro, totalmente estatal, foi profundamente reestruturado, dividido em setores, com a definição de novas regras e novos atores. Cada grupo de interesse criou uma associação para defender seus pontos de vista na nova regulação, discutida e negociada nas comissões técnicas do Congresso. Pois bem, durante todo esse tempo, e foram oito anos, nosso jornalismo econômico não acompanhou essas discussões, não informou sobre os impasses havidos, não freqüentou as comissões técnicas do Congresso e nem as audiências públicas.

Muito antes do apagão elétrico, deu-se um apagão midiático. O noticiário econômico resumia-se a manchetes triunfalistas para cada privatização do setor elétrico, comemorando os ágios pagos pelo lance vencedor. Mas não informava que esses ágios seriam recebidos de volta como prejuízo patrimonial dedutível do imposto de renda; não informava os graves impasses na regulação, que levaram aos atrasos das termelétricas; não informava que o sistema vinha usando estoques de água armazenados durante cinco anos. Alguns desses impasses persistem até hoje. Também não ouviam os especialistas que criticavam o novo modelo, e continua a dar pouca atenção a eles.

O mecanismo, como vemos, é o mesmo da "guerra fria". Os protagonistas, as fontes, os *press releases*, os documentos são divididos entre os que são contra a privatização do setor elétrico e os que são a favor. Tudo o que for contra é omitido ou relegado a um espaço menor. Tudo o que for a favor é amplificado. O mérito da questão não interessa. E, se a questão é complexa, seus termos são simplificados de modo grosseiro. Não interessa ouvir quem é a favor de privatizar a geração, mas acha-se que se devem manter estatais os reservatórios porque eles têm funções múltiplas de lazer, de abastecimento de água e de navegação.

No jornalismo de "guerra fria", as pautas não são elaboradas para esclarecer uma questão, porque o mérito da questão, como vimos, não interessa. Elas são elaboradas para convencer o leitor de uma determinada solução. A matéria vai mostrar, por exemplo, que "as empresas estatais são ineficientes". Eventuais evidências em contrário são descartadas. E se a ineficiência deriva não do fato de a empresa ser estatal, mas de ser monopolista, o que afeta também grandes empresas privadas, isso é escamoteado do leitor. Não entra na matéria. A reportagem tem a função de captar frases que legitimem um discurso previamente construído. Se é proposta uma terceira via, definindo uma empresa pública, de propriedade estatal, mas regida por um estatuto público, isso também é descartado. É complicado demais.

Jornalismo como instrumento de construção e desconstrução

O jornalismo econômico dos últimos 20 anos foi instrumental na tarefa de construção do paradigma neoliberal. Nessa tarefa, ocupou o centro da primeira página e de lá não saiu até hoje. Tornou-se o núcleo em torno do qual se articulam as demais coberturas jornalísticas. Uma em cada duas manchetes dos jornais brasileiros tem sido dedicada à economia. Todos os jornais têm cadernos de economia e alguns saem com dois cadernos de economia numa mesma edição. Durante muito tempo, o único jornal com edições regionais foi a *Gazeta Mercantil*, especializada em economia, e já temos um novo diário que se propõe a dividir esse espaço, o *Valor Econômico*.

O jornalismo econômico da era liberal se caracterizou por um discurso agressivo porque sua primeira tarefa era a de desconstruir o modelo vigente e o paradigma desenvolvimentista. Usou para isso o método da exclusão e da desqualificação dos oponentes. O que diverge é um "atrasado", um dinossauro. A exclusão não fica só no discurso, os dissidentes são excluídos dos melhores espaços dos jornais, todos eles ocupados hoje por colunistas neoliberais. Só não se dá uma exclusão total porque a fala dissidente é útil para legitimar a dominante. Legitimar, mas não influir no discurso dominante ou quebrar seu império.

Mas a exclusão mais eficaz é a temática. Vou dar um exemplo de um tema da maior importância para uma ampla gama de leitores que é sistematicamente excluído das manchetes de jornais: o das taxas de juros. Vocês sabiam que os juros praticados no Brasil desde a introdução do real estão entre os mais altos do mundo? Mais precisamente, entre os três mais altos do mundo, perdendo apenas ora para Argentina e Rússia, ora para Rússia e Turquia? Sim, muitos de nós sabemos disso, mas raramente a notícia é manchete de jornal. E, no entanto, todo mês uma assessoria de imprensa do Paraná publica um estudo meticuloso das taxas de juros de 40 países, envia para todas as redações, disponibiliza-o na internet[7]. Mas raramente algum jornal publica. No mês passado, a divulgação coincidiu com mais uma reunião do Comitê de Política Monetária (Copom), portanto era especialmente oportuna sua publicação, mesmo assim foi omitida por todos os jornais de referência nacional, inclusive pela *Gazeta Mercantil*.

Por que a comparação entre taxas de juros de diferentes países é importante? Porque essa taxa é o custo do dinheiro. E o dinheiro é um dos mais importantes fatores de produção. Se nosso juro é muito mais alto do que o de outra economia, significa uma desvantagem no nosso poder de competição. É uma informação que interessa a todas as empresas que exportam e, portanto, a milhares de empresários e seus empregados, a setores empresariais e aos formuladores de políticas públicas.

Se essa tabela, que sai todos os meses, é tão importante, por que não é publicada?[8] Muito simples: porque uma manchete dizendo "Juros do Brasil estão entre os mais altos do mundo" quebra a mística do discurso neoliberal, de que nossa moeda é forte, de que a inflação é baixa, de que os fundamentos da economia são sólidos. Um juro real

7. Trata-se da empresa Placas Paraná, e seu serviço se chama Globalinvest.

8. Ocasionalmente era publicada pelo *DCI*, jornal tradicional de São Paulo, mas de circulação restrita. A partir da eleição de Lula, passou a ser publicada mais vezes pelos jornais de referência nacional.

básico de 10% ao ano, a que correspondem juros de até 40% ao ano para capital de giro, é juro anômalo, de uma economia doente. É juro de enforcado. Por isso, esse indicador não vira manchete.

Bibliografia

CHOMSKY, Noam. *Ilusiones necesarias*. Madrid, Prohufi, 1992.

FOUCAULT, Michel. *As palavras e as coisas*. São Paulo, Martins Fontes, 2002.

KUCINSKI, B. *Jornalismo econômico*. São Paulo, Edusp, 2000, 2ª edição.

SOUSA, J. P. *Teorias da notícia e do jornalismo*. Chapecó, Argus, 2002.

VAN DIJK, T. A. *La noticia como discurso*. Barcelona, Paidós, 1990.

O lugar da mentira e da imaginação no relato jornalístico

Reflexões sobre os casos Jayson Blair e David Kelly

Jayson Blair, repórter do *The New York Times*, foi demitido porque simplesmente inventava suas reportagens. David Kelly foi o cientista britânico que se suicidou depois de ser descoberto como fonte da informação da BBC negando a existência de armas de destruição em massa no Iraque passíveis de serem utilizadas em poucos minutos. Os dois casos foram discutidos no seminário de Comunicação do Banco do Brasil, realizado em Brasília em 16 de outubro de 2004, do qual deriva esse texto.

A capacidade de mentir e a capacidade de imaginar são dois atributos exclusivos do gênero humano. E andam quase sempre juntos. Para mentir é preciso imaginação. No jornalismo e na política, temos a presença constante desses dois atributos.

A mentira e a imaginação foram os denominadores comuns dos casos sensacionais de desvios de conduta do jornalista do *The New York Times* Jayson Blair, que inventava suas reportagens, e do cientista David Kelly, que se matou, acossado pela espiral de mentiras sobre a existência de armas de destruição em massa no Iraque.

Jayson Blair precisou de imaginação para inventar entrevistas que nunca foram feitas, descrever paisagens de lugares em que nunca esteve[1]. Por que ele fez isso, se estava no jornal referencial da imprensa mundial, no qual os jornalistas têm todos os recursos para um trabalho de qualidade?

No seu caso, a fraude jornalística foi um recurso para garantir emprego num espaço de alta competição. Nesse ambiente de luta feroz pelo emprego, a distinção é a única vacina segura contra a demissão. A fama o colocaria acima dos outros, garantindo seu "lugar ao sol". Jayson tem plena consciência da violência e da gravidade de sua opção pela fraude. Usa a palavra morte com a mesma força com que o noticiário deu conta da morte, essa real, do cientista David Kelly. "Eu iria matar a mim mesmo ou matar o jornalista. Para que o ser humano pudesse viver, o jornalista tinha que morrer"[2].

Jayson atribui seu crime à sua condição individual de negro que precisa demonstrar que está no mais importante jornal do mundo não por causa das cotas de "ação afirmativa" que reservam um lugar aos negros em cada redação, e sim por seu talento de repórter. Mas no escândalo que se seguiu à sua demissão, o *The New York Times* admitiu que era prática comum correspondentes nacionais de jornais se basearem em trabalhos de *free lancers* para escrever suas reportagens. Ou seja, não eram eles que iam verificar os fatos. Escreviam sobre coisas que não haviam visto.

O assassinato do Jayson jornalista pelo Jayson pessoa é uma metáfora da morte da verdade no jornalismo norte-americano durante a invasão e ocupação do Iraque. A primeira vítima da guerra é a verdade, mostrou Phillip Knightley em seu clássico *A primeira vítima*.

The New York Times, um jornal do sistema de poder norte-americano, não escapa a essa regra. Noam Chomsky já demonstrou em *Necessary Illusions* como *The New York Times* sacrificou a verdade na defesa dos interesses imperiais norte-americanos durante a derrubada de Allende no Chile e especialmente durante a guerra civil em El Salvador.

Por que então demitiram Jayson Blair? Porque Jayson fraudou naquilo que não era essencial. Todos os dias, invariavelmente, durante a invasão do Iraque, a mídia norte-americana, com *The New York Ti-*

---

1. A fraude foi descoberta quando plagiou uma história de uma mulher que perdera um filho no Iraque. Ver *Washington Post*, 8/5/2003.
2. Para a cronologia do caso Jayson Blair, ver *The New York Times* a partir de 1° mai. de 2003.

mes à frente, noticiava que num determinado lugar, em certo tempo remoto, ou num caminho abandonado, havia indícios de armas de destruição em massa.

Todos os dias seguintes essa notícia era abandonada por falta de comprovação para ser logo seguida de outra do mesmo tipo. Assim a mídia norte-americana, em conluio com as forças invasoras, ocupou o espaço do jornalismo veraz de todos os dias com uma usina diária de mentiras destinadas a robustecer a mentira maior dos dirigentes, de que o Iraque possuía armas de destruição em massa. É nesse contexto que Jayson Blair inventa uma entrevista com a mãe de um dos soldados mortos na guerra. Jayson apenas escolheu a forma errada de mentir. Sua punição não só era necessária como serviu para demonstrar um compromisso do *The New York Times* com a verdade que de fato não existiu durante a guerra do Iraque.

No caso do suicídio do cientista David Kelly, fonte de informação do jornalista da BBC Andrew Gilligan, houve um falseamento sutil, talvez até involuntário, da verdade por parte do jornalista, uma pequena "forçada de barra", comum no jornalismo, que às vezes tem conseqüências nefastas e outras vezes, não. Nesse caso a pequena "forçada de barra" teve um efeito decisivo.

Gilligan interpretou o que era apenas uma suposição ou desconfiança do cientista como informação concreta, factual e fundamentada: a de que o governo havia envenenado o relatório sobre a existência de armas de destruição em massa no Iraque para justificar sua invasão.

Houve uma imprecisão na caracterização da informação que, naquele contexto, gerou uma crise transatlântica. Como de fato não havia essas armas de destruição em massa e o governo britânico operou de forma a dar a entender que elas existiam, a rigor não houve mentira. Mas houve erro no procedimento jornalístico.

O cientista, formado sob a égide da precisão conceitual e factual do conhecimento, sentiu-se culpado por ter se expressado de uma forma imprecisa ou ambígua que permitiu ao jornalista Gilligan tomar sua suspeita como informação concreta. Foi o bastante para ele entrar em depressão, e se matar[3].

3. Seu corpo foi encontrado no dia 18 de junho de 2003 pela manhã. Para uma cronologia dos fatos e das implicações na política britânica e nos padrões de conduta da BBC, ver o relatório Hutton, resultado do inquérito conduzido por Lord Hutton.

Ao jornalista nunca ocorreria se matar por causa de uma mera imprecisão ou "forçada de barra". Será que é porque nós fazemos isso o tempo todo em algum grau?

Acho interessante discutirmos esse caso porque ele remete ao fato de que no jornalismo é mais natural montarmos uma matéria segundo o esquema que já está em nossa cabeça do que segundo a complexidade que muitos fatos têm. Nesse caso do relatório sobre as armas de destruição em massa no Iraque, era mais natural o jornalista imaginar que o governo deu uma envenenada no relatório do que imaginar o contrário, que ele teria feito um relatório neutro, totalmente veraz. Havia uma necessidade urgente de justificar a guerra. Então o jornalista fez uma suposição, ou uma pré-suposição, já com o esquema em sua cabeça.

No Brasil, isso acontece o tempo todo. Por exemplo, recentemente, criou-se na cabeça de alguns jornalistas a tese de que o governo Lula está montando um esquema totalitário de controle da informação, chegando-se a compará-lo com o Departamento de Imprensa e Propaganda (DIP) de Getúlio Vargas. Trata-se, aliás, de algo interessante, porque todos sabemos que a esquerda tem experiências totalitárias em seu passado, assim como a direita. Termos da esquerda, como "stalinismo" e "comissário do povo", remetem a um paradigma totalitário. Eu fui chamado de "comissário do povo", como também o ministro José Dirceu. Por quê? Porque isso se encaixa num esquema possível. Tem a ver com os fatos? Não. E, no entanto, sai publicado em grandes jornais.

Buscando uma explicação para esse fenômeno, lembrei-me de um texto que já tinha visto, magnífico, de Hannah Arendt, em *Crises da República*, em que ela analisa os episódios da guerra do Vietnã, nos quais a mentira foi usada abundantemente. Diz ela que a verdade dos fatos é uma verdade contingente, ou seja, não é uma verdade necessária, como dois mais dois são quatro, mas uma verdade que podia ser esta ou podia ser aquela, sendo muitas vezes difícil construir uma narrativa coerente com a verdade dos fatos, seja ela qual for[4].

Os fatos são quase sempre complexos e as relações de causalidade imponderáveis. Uma narrativa baseada na razão pura é necessaria-

---

4. ARENDT, Hannah. *Crises da República*. São Paulo, Perspectiva, 1972.

mente coerente porque a mente humana é lógica[5]. Imaginar como as coisas aconteceram seguindo certos pressupostos é sempre mais fácil do que saber como as coisas de fato aconteceram.

Os mais refinados políticos brasileiros, os mineiros, sintetizaram isso na conhecida afirmação de que "na política a versão é mais importante do que os fatos". Essa frase exprime algo que, de alguma forma, é inerente à natureza do jornalismo político, que lida com fatos, com verdades contingentes, que nem sempre têm uma explicação lógica. A história não tem necessariamente uma lógica, apesar de suas relações de causalidade. É muito mais fácil dizer que o governo Lula está construindo um sistema totalitário. Vai-se atrás de alguns dados fragmentados e se constrói uma história, cria-se uma narrativa até coerente e interessante, mas que não tem nada a ver com os fatos.

O jornalista Gilligan achou que era totalmente coerente a desconfiança do cientista David Kelly de que Alastair Campbell, o secretário de imprensa do primeiro-ministro Tony Blair, teria "envenenado" o relatório das armas de destruição em massa do Iraque[6]. Ele não afirmou isso categoricamente, mas apenas suspeitou, pois não tinha nenhuma informação concreta. E foi assim que começou toda essa história.

Valho-me aqui de mais alguns trechos de Hannah Arendt. "A falsidade deliberada trata com fatos contingentes, ou seja, com coisas que não trazem em si nenhuma verdade inerente, nenhuma necessidade de ser como são", diz ela. E continua, mais adiante: "Os fatos necessitam de testemunho para serem lembrados e de testemunhas de confiança para se estabelecerem, para que possam encontrar um abrigo seguro no domínio dos assuntos humanos". As "invenções" não precisam disso. Se forem racionais, colam, e a versão prevalece sobre o fato. "É esta fragilidade que torna o embuste tão fácil e até certo ponto tão tentador; ele não entra em conflito com a razão", diz Arendt.

Mas o caso inglês remete também a uma outra esfera, não propriamente jornalística: a da mentira na política. Recorro novamente a Hannah Arendt, numa passagem em que ela diz que a mentira é um dos

5. Nem os loucos são ilógicos. Os loucos operam com conteúdos absurdos, mas os concatenam segundo as leis da lógica. Por exemplo: Eu sou Napoleão, portanto eu mando em vocês. O conteúdo é absurdo, mas o raciocínio é lógico. A história inventada só será ilógica se o jornalista for débil mental. Os débeis mentais sofrem de incapacidade de formular raciocínios lógicos.

6. A expressão inglesa usada foi *sexed-up*.

grandes recursos da política. O caso do David Kelly revelou todo um processo interno do governo inglês, de produção da mentira, da meia-verdade. Segundo Arendt, o sigilo, diplomaticamente chamado de discrição, os *arcana imperii*, mistérios do governo, e o embuste, ou seja, a falsidade deliberada, a mentira descarada, são usados como meios para alcançar fins políticos desde os primórdios da história documentada. A veracidade nunca esteve entre as virtudes da política. Mentiras sempre foram encaradas como instrumentos justificáveis nesse meio.

A meu ver, essa questão é importante, porque ela talvez nos remeta à percepção de que poder e jornalismo têm uma interface absolutamente incompatível. O poder se vale da mentira. O jornalismo, apesar de às vezes se pautar por esquemas pré-concebidos ou de preferir a versão aos fatos, se norteia basicamente pela busca da verdade. É muito sério esse conflito entre poder e jornalismo.

Leio aqui um comentário da BBC acerca do relatório do inquérito feito sobre o caso David Kelly.

> "Aprendeu-se muito sobre as maquinações obscuras e muitas vezes complexas do governo e as ações muitas vezes discutíveis dos servidores públicos ao darem conta dos seus atos. Também aprendemos que o doutor Kelly, o cientista que se suicidou, não era um funcionário de segunda categoria do governo, como este havia dado a entender, mas o principal cientista britânico na área de inspeção de armas de destruição em massa. Também aprendemos que ele era um tipo estranho no ninho. Era pago por um departamento do governo, tinha uma mesa em outro departamento e gastava boa parte de seu tempo em viagens ao exterior, na difícil tarefa de encontrar as tais armas de destruição em massa. Mas ele era também o homem que falava a jornalistas. No passado, seus contatos com a imprensa, aparentemente, não causavam preocupação a seus superiores, pelo menos enquanto ele se limitava a observações sobre assuntos científicos e se mantinha afastado da política. Depois da erupção do escândalo, todo contato com jornalistas que ele teve se tornou objeto de suspeição e, um pouquinho antes de sua morte, ele recebeu ordens de compilar uma lista de todos os repórteres que conhecia"[7].

---

7. Conf. TIGHE, Andy. *The Legacy of the Hutton Enquiry*. BBC *website*, 25/9/2003. Ver também o excelente apanhado de Luiz Weis em "Hora das verdades", *O Estado de S. Paulo*, 28/1/2004.

Bibliografia

ARENDT, Hannah. *Crises da República*. São Paulo, Perspectiva, 1972.

CHOMSKY, Noam. *Ilusiones necesarias*. Madrid, Prohufi, 1992.

KNIGHTLEY, Phillip. *A primeira vítima*. Rio de Janeiro, Nova Fronteira, 1978.

Sobre o autor

Nascido em São Paulo em 1937, é professor de jornalismo na Escola de Comunicação e Artes da Universidade de São Paulo. Atuou em inúmeros veículos de comunicação no Brasil e no exterior. É autor de diversos livros, entre os quais *Jornalistas e revolucionários: nos tempos da imprensa alternativa* (Edusp) e *A síndrome da antena parabólica: ética e jornalismo* (Editora Fundação Perseu Abramo).

Seu livro *Jornalismo econômico*, publicado pela Edusp, recebeu o prêmio Jabuti em 1997. Participou das campanhas de Luiz Inácio Lula da Silva de 1994, 1998 e 2002 e atualmente é assessor especial da Secretaria de Comunicação e Gestão Estratégica da Presidência da República.

Caso não encontre este livro nas livrarias,
solicite-o diretamente a:

Editora Fundação Perseu Abramo
Rua Francisco Cruz, 224
04117-091 – São Paulo – SP
Fone: (11) 5571-4299
Fax: (11) 5571-0910
Correio Eletrônico: editoravendas@fpabramo.org.br
Na Internet: http://www.fpabramo.org.br

Jornalismo na era virtual foi impresso em São Paulo pela Gráfica Bartira em janeiro de 2005, ano do V Fórum Social Mundial, realizado de 26 a 31 de janeiro na cidade de Porto Alegre, Rio Grande do Sul, Brasil. A tiragem foi de 2.500 exemplares. O texto foi composto em Times New Roman no corpo 10/13,5/110%. A capa foi impressa em papel Supremo 250g; o miolo foi impresso em Pólen Soft 80g.